100年後まで残したい！
日本の美しい花風景
はなまっぷ

はじめに

　私は以前から花畑に出かけて花の写真を撮ることが好きでした。

　1人で撮って楽しんでいましたが、インスタグラムが流行り始めたことを知り、花の写真を投稿するようになりました。当時からインスタグラムには素敵なお花の写真がたくさんあふれ、ブログは3日も続かない私が、飽きることなく楽しんでいました。

「花が好きな人たちがこんなにたくさんいて、素敵な花の写真がこんなにたくさんあるなら、みんなで楽しい場をつくることができるのでは?」と考えるようになり、まずはインスタグラムの中で、自分が欲しい場を作ってみようと思いました。

日本中にある花風景をもっと知りたい。
そしていつか花が好きな人たちと日本地図を花風景で埋めていきたい!

そんな思いで、2015年4月20日。「はなまっぷ」は生まれました。

「#はなまっぷ」に集まる花や、そこに添えられた言葉を見ていると、ガイド本や図鑑には載っていない情報や魅力を発見します。自分まで一緒にその場所で楽しんでいるような気分になりますし、新しい魅力に気づくと、その花風景がより美しく感じます。

　次第に、私たちがいつも写真に撮って楽しんでいる日本の美しい花風景を、インスタグラムを超えて、たくさんの方々にも楽しんでいただきたいと思うようになりました。

　昔の人々は、美しい花や風景を歌にしたり絵に描いて残してくれました。名所の素晴らしい景色だけでなく、庭に咲く花が散る瞬間までも、個性的な表現を加えながら今の私たちに残してくれています。近年は写真のデジタル化が進み、撮影後の現像や調整でも個性を表現できる時代になりました。私たちが撮る花々も、それぞれの個性的な表現を加えながら1冊の本に集めて残していければと思います。

　花々に花まるをつけるようにページをめくり、読み終える頃にはみなさまにも、花まるな気分になっていただけると嬉しいです。

　ようこそ「#はなまっぷ」の花畑へ。

Contents

- P2 　　はじめに

Part 1　春夏秋冬 花のリレー

- P6 　　菜の花
- P14 　梅
- P20 　片栗(かたくり)
- P24 　花桃
- P28 　桜
- P36 　はまなっぷ写真館1「いろんな桜」
- P38 　チューリップ
- P42 　芝桜
- P46 　ネモフィラ
- P52 　藤
- P60 　躑躅(つつじ)
- P68 　ポピー
- P72 　九輪草(くりんそう)
- P76 　はまなっぷ写真館2「魅惑の花々」
- P78 　杜若／菖蒲／花菖蒲
- P84 　紫陽花
- P92 　蓮
- P98 　蓮華升麻(れんげしょうま)
- P102 　ラベンダー
- P106 　百合(ゆり)
- P110 　はまなっぷ写真館3「個性あふれる1枚」
- P112 　向日葵(ひまわり)
- P120 　蕎麦
- P124 　彼岸花
- P130 　秋桜
- P138 　水仙

Part 2　もっと見たい「#はなまっぷ」

- P144 　その他の花畑
- P150 　電車と花
- P154 　蜂と花
- P156 　富士山と花

Part 3　はなまっぷの必需品

- P162 　地方別はなまっぷ
- P170 　はなまっぷカレンダー
- P174 　撮影者リスト
- P175 　おわりに

※紹介している内容には諸説あるものもあります。
※本書で紹介している花風景は、花の名所で撮影されたものだけでなく、一般的には無名のスポット(土手や通勤途中で見つけたものなど)で撮影されたものもあります。そのため、大まかな撮影地だけを記載している花風景もあります。
※本書を参考に現地を訪れる際には、美しい花風景を100年後にも多くの方が楽しめるよう、近所や周囲に配慮し、マナーを守っていただくようお願いいたします。
※アクセスについてはGoogleマップで計測したものもあります。詳細は各HP等でご確認いただきますようお願いいたします。

Part 1

日本の美しい花風景

春夏秋冬 花のリレー

200万枚の花の写真が集まる「#はなまっぷ」のハッシュタグから、選りすぐりの花風景を集めました。春の花から順番に次から次へと咲き誇る花々の魅力を感じてください。

菜の花
canola flower

花ことば
小さな幸せ、元気いっぱい

名前の由来
食用にする草の総称の「菜」から

　今からちょうど100年ほど前までは、田植えの季節が始まる前にあちらこちらの田んぼには、一面に菜の花が咲いていて、春になると自然と美しい景色が広がっていました。江戸時代から昭和初期の頃までは、菜種油を採取するため、菜の花の栽培が盛んに行われていたからです。その頃には菜の花の歌や句も多く詠まれました。

　菜の花は食用としても親しまれ、味覚でも春の訪れを告げてくれます。鮮やかで優しい色の菜の花畑は人々の生活とともに春を知らせる日本の原風景です。

　今も昔も私たちに小さな幸せを感じさせてくれる菜の花に花まるを。

宮城県　かくだ菜の花まつり
阿武隈急行角田駅から
シャトルバス（運行日限定）

🌸 地元青年会の方々が咲かせてくれる菜の花畑。夕日が沈んでいく様子を見ていると自然とあの童謡が頭の中を流れます。

📷 ken.f430　春霞で優しく染まった菜の花畑と蔵王の山々。美しくどこか懐かしい風景。

宮城県　大崎市三本木ひまわりの丘
JR古川駅からバス

🌸 愛らしい菜の花の上には気持ちの良い青空ともくもくの雲。心躍る春景色です。

📷 motion.imaging　菜の花はあまり知られていない場所ですが、GWに合わせて咲かせている絶景スポットです。

青森県　横浜町の菜の花
JR陸奥横浜駅からシャトルバス(運行日限定)

🌸 農家の方によって管理されている見渡すかぎりの菜の花畑。青森の春の風物詩です。

📷 daichi_xa1　菜の花の黄色と空の青色が爽やかで、とても元気が出る場所でした。

兵庫県　あわじ花さじき

神戸淡路鳴門自動車道
淡路ICから約12分

🌸 菜の花に似た十字型の小花を咲かせるムラサキハナナ。魅力的な春色のコントラストです。

📷 htm_wing　菜の花とムラサキハナナが一面に広がり香りも感じられるとても綺麗なお花畑でした。

長野県　菜の花公園

JR飯山駅からバス

🌸 童謡の「朧月夜」の舞台となったと言われる菜の花畑。懐かしい音色が自然と頭の中に流れてくる場所です。
📷 sigmist810　残雪と菜の花の組み合わせが、まさに北信濃の春という感じでした。

新潟県　福島潟
JR豊栄駅から徒歩30分

🌸 自然豊かな湖沼を染める一面の菜の花。心地よい野鳥たちの鳴き声も聞こえてきます。

📷 oboh0202　早朝、天使の梯子が菜の花畑に降り注いでいました。

滋賀県　守山第一なぎさ公園
JR守山駅からバス

🌸 冬から咲き始める寒咲き菜の花。虹が発生することの多い琵琶湖。運が良ければ虹がかかった菜の花畑が見られるかも!?

📷 suzugongon1112　菜の花畑から急に飛び出したスズメ。翼を広げ、春の訪れを告げているようでした。

岡山県　奈義町菜の花まつり

JR津山駅からバス

🌸 農家の方々が町おこしのために協力して菜の花を植えてくださっています。

📷 sachiko2676　どの場所からでも那岐山がバックに見える菜の花畑は、本当に素晴らしかったです。

長野県　安曇野

長野自動車道安曇野ICから約15分

🌸 のどかで美しい安曇野に広がる菜の花の絨毯。一面に幸せ色が広がる景色に癒されます。

📷 marimonoshasin　花咲き乱れる安曇野の菜の花畑、青空も美しい快晴の日でした。

秋田県　鳥海高原

由利高原鉄道矢島駅から
シャトルバス（運行日限定）

🌸 雄大な鳥海山の裾野に広がる圧巻の菜の花畑。秋田県民の方々の誇りです。

📷 maki0303xx　秋田県民歌の歌詞にも出てくる鳥海山の麓の菜の花畑です。秋田屈指の美しい風景だと思います。

梅 japanese plum blossom
うめ

花ことば 気品、忠実
名前の由来 生薬の烏梅（中国語で「ウメイ」）として渡来したことから

奈良県　月ヶ瀬梅渓

近鉄・JR奈良駅、近鉄名張駅他から
臨時バス

🌸 冬から春の変わり目の昼間の気温が暖かくなる季節、雲海や霧が幻想的に花風景を包みます。

📷 teru.ri　夜明け前に流れていた静かな時間が、夜が明け、朝日に照らされ、雲海がどんどん形を変え、光り輝いていました。

「梅一輪 一輪ほどの 暖かさ」（服部嵐雪）

　　まだ寒い冬に、梅がゆっくりと咲き始めることで春の訪れを感じる句です。
　　私たちは毎年、梅の開花を待ちわびて、やっと会えた花一輪に有難さと嬉しさを感じます。梅の開花で春の訪れに喜び、しばらくするとしだれ梅が豪華絢爛に咲き乱れる姿に大興奮！　梅が咲くと、その後は桃、桜、季節の花々が次から次へと絶え間なく咲き乱れます。
　　花のリレーの始まりを告げてくれる梅の開花に花まるを。

佐賀県
伊万里梅園

JR伊万里駅から
シャトルバス(運行日限定)

🌸 展望台から梅林を望むと、美しい梅の雲海が伊万里市街を覆っているようです。

📷 ramumi8　こんなにたくさんの梅を見たのは初めてでした。とても綺麗で梅の香りがあたりに漂っていました。

埼玉県　越生梅林

東武鉄道越生駅からバス

🌸 梅が咲くのは早春、まだまだ寒い季節です。雪景色と梅のコラボ、素敵ですね。

📷 sken02　前日に降った雪のおかげで、梅の花が散ってできた白い絨毯のような光景でした。

北海道　平岡公園

札幌市営地下鉄東西線新さっぽろ駅・
大谷地駅からバス、下車後徒歩5分

🌸 北海道では桜の後に梅が見頃を迎えるそうです。

📷 kaori_fufu　満開の梅林を、早朝の清々しい空気の中で撮りました。

大阪府　和泉リサイクル環境公園

泉北高速鉄道和泉中央駅からバス、下車後徒歩15分

🌸 見事に咲き乱れるしだれ梅と可憐な水仙の共演を求めて、たくさんの人が訪れます。

📷 yuri_930　梅の花々に光が差し込む、とても美しい瞬間でした。

三重県　いなべ市農業公園

東名阪自動車道桑名IC・四日市ICから50分、名神高速道路関ヶ原ICから40分

🌸 さまざまな色の梅が咲くため、展望台の上からは美しい梅のグラデーションを楽しめます。

📷 lucky.maichin　初めて眼下に広がるピンク色の世界を見た時の感激は忘れられません。

兵庫県　綾部山梅林

山陽電鉄網干駅からバス

🌸 段々畑のように梅の木が並び、その向こうには海が見えます。見晴らし抜群の梅林です。

📷 sanga3　梅の香りを感じながら、梅林と穏やかな海に癒されました。毎年訪れるお気に入りの場所です。

愛知県
名古屋市農業センターdelaふぁーむ

名古屋市営地下鉄
平針駅・赤池駅から徒歩20分

🌸 花も香りも豪華絢爛なしだれ梅。華やかな春の訪れにうっとりして心も弾みます。

📷 vanilla_graph しだれ梅のお花が春に浮かれて可愛らしいダンスを踊っているように見えました。

片栗
katakuri

花ことば
初恋、寂しさに耐える

名前の由来
傾いた籠状の花から「カタカゴ」と呼ばれ「カタクリ」となった

　春の気配を感じると、一斉に咲き始める可憐な妖精たちがいます。真っ暗な土の中で7年以上も耐えて、ようやく地上で花を咲かせることができるカタクリの花たちです。夢にまで見た明るい世界。やっとの思いで顔を出しても、恋をしてしまったように、恥ずかしそうに咲いています。

　そんなカタクリの花ですが、一度花を咲かせると、40〜50年生き続ける強い生命力の持ち主です。現れては消え、また次の春になると現れる可憐な姿から「春の妖精」と言われています。照れ屋な妖精たちが一斉に咲き誇る光景は、とても幻想的で命の尊さを感じます。

　小さな体に秘められたカタクリの生きる強さに花まるを。

栃木県　みかも山公園
JR栃木駅からバス

🌸 地上に顔を出して初めて見る仲間の姿。ちょっぴり恥ずかしそうに土の中での思い出話に花を咲かせているのでしょうか。

📷 yoceantoi　夕日に照らされた二輪のカタクリが語り合うように寄り添う姿を見つけワクワクしながら撮影しました。

◀ **静岡県**　秩父宮記念公園

JR御殿場駅からバス

🌸 カタクリの花は晴天時のみ開きます。曇りの日や夜の間は花を閉じてしまいます。

📷 _ka0ri　春の妖精と称されているカタクリ。木漏れ日が差し込む林の中で、うつむき加減でおとなしやかに春の訪れを告げていました。

▶ **北海道**　浦臼神社

JR鶴沼駅から徒歩15分

🌸 小さなお花畑にエゾリスが遊びにやって来る童話のような光景です。

📷 xx_hiro_photos_xx　カタクリ満開のお花畑にエゾリス。2年越しの夢が叶いこの瞬間を撮影できました。

◀ **鳥取県・島根県**　船通山

JR生山駅から車で約30分、
出雲横田駅から車で30分

🌸 カタクリの花の種子は蟻が運んでくれます。うつむきがちに咲いているのは蟻を見届けるためかもしれません。

📷 tenko812　雪解けを待ち健気に咲く姿は愛らしく、春の妖精のようでした。

▶ **秋田県**　かたくり群生の郷

秋田内陸縦貫鉄道八津駅から徒歩5分

🌸 白花のカタクリを見つけると良縁が叶うとされているとか！　密度と規模を誇るカタクリの群生地は初恋成就の地でもあるそうです。

📷 kanchan000　森の中に咲き乱れるカタクリの数に驚き！　おとぎ話の世界に迷い込んだような景色でした♬

◀ **長野県**　白馬村

🌸 カタクリを村の花としている白馬村。マンホールに描かれたカタクリも探してみてください。

📷 nag_aka4050　小さく可憐なカタクリをより可愛らしく見せたくて、贅沢に桜色の背景にしてみました。

花桃 peach blossom

- 花ことば　私はあなたのとりこ、天下無敵
- 名前の由来　たくさんの実がなる「百（モモ）」から

高知県　西川花公園

土佐くろしお鉄道のいち駅からバス

🌸 休耕地を整備して地域住民の方々が作り上げた公園です。小高い山一面が春色で包まれる光景に思わず笑みがこぼれます。町を見守ってくれている憩いの桃源郷です。

📷 yuri_930　色とりどりの花々が満開で、桃源郷のような景色に感動しました。

「ある日、漁師が谷川に沿って船を漕いでいくと、桃の木ばかりが両岸に咲く林に迷い込みました。川の水源まで行くと小さな穴から光が射していました。その光の先には人々が幸せそうに暮らす村がありました」

　これは桃源郷の語源と言われる中国の『桃花源記』の一部です。

　緑豊かな山里に花桃が咲き乱れる風景が今の日本にもあり、多くはその地で暮らす人々の愛情により作られました。私たちがとりこになる見事な風景は、ほんの入り口にすぎず、その地に花を咲かせるために協力し合える人々の暮らしこそが本当の桃源郷なのでしょう。

　花桃を咲かせる人々の幸せな桃源郷に花まるを。

◀ 長野県　花桃の里

中央自動車道飯田山本ICから25分、
園原ICから5分

大正11年にドイツから持ち帰った花桃の苗。美しい花桃を増やしたいと、人々の暮らし中でコツコツと増やされてきました。平成14年頃から地域の方々による本格的な植栽が始まり、今では1万本の花桃が咲く桃源郷となりました(参考：昼神温泉観光局HP)。

🌸 歩いても歩いても数え切れないほど、歩道の両側に花桃の木ばかりが咲き乱れます。この世のものと思えない素晴らしい景色です。

📷 hiroco0902　高台から見下ろす花桃の並木道は、彩やかで圧巻の景色でした。

◀ 愛知県　上中のしだれ桃

東海環状道路豊田環八ICから30分

昭和45年頃に地元住民の方々が自宅周辺に約30本を植え始めたのがきっかけで、平成13年頃から地元有志の間で、少しずつ植栽されるようになりました。現在では約3,000本が咲き誇っています(参考：豊田市HP)。

🌸 のどかな山間の集落で百花繚乱に揺れるたわわなしだれ桃。紅白の彩りは浮き出るように美しく、昔話の世界に迷い込んだ気分になります。

📷 yukiyo117　3,000本が咲き誇る山あいの桃源郷。散歩道になっており桃の花香る癒しの空間でした。

▶ 高知県　上久喜の花桃

吾川郡仁淀川町上久喜

🌸 地区の新名所にしようと1人のおじいさんが家のまわりに植え始めたのがきっかけで、地域の方々により増やされ、守られてきた花桃。今では家のまわり一面に花桃が咲き乱れる見事な桃源郷となりました。

📷 akira_1972_　こんなステキな花風景があるのかと驚きました。

桜 (さくら) cherry blossom

- **花ことば** 優美な女性、精神の美
- **名前の由来** 動詞の「咲く」に接尾語の「ら」がついて (諸説あり)

滋賀県　海津大崎
JRマキノ駅からバス
🌸 琵琶湖と竹生島が見えるこの場所に愛着をもった男性が桜を植え始めたことがきっかけで作られた桜並木。桜の向こうには今も昔も変わらず美しい景色が見えます。
📷 rikizo_kitagawa　清少納言の「枕草子」にあるように、春はあけぼのが本当に美しいのだとこの光景を前に思いました。

　みなさんは、桜を見るとどんなことを思い出しますか？　青春時代であったり、人生の転機であったり。旅先で見た見事な桜並木や、近所で咲く桜を思い出す人もいるかもしれません。地域や時期によっても、さまざまな種類の桜が咲き、そこにも物語があったりします。私たち日本人は、桜とともにたくさんの思い出を作ります。
　桜の向こうに見えるみなさんのかけがえのない思い出に花まるを。

愛知県　五条川桜並木

名鉄岩倉駅から徒歩5分

🌸 川幅が狭くボリュームのある桜並木。満開を過ぎた後の流れる花筏が絶景です。

📷 yumaro16　川沿いに何kmにも続く桜並木が圧巻の景色でした。

宮城県　船岡城址公園

JR船岡駅から徒歩15分

🌸 桜が咲く町を俯瞰で眺めることができます。桜を見ると故郷で過ごした日々を思い出す方は多いことでしょう。

📷 motion.imaging　日の出に照らされて、一目千本桜の中に電車が走ります。満開と天気を合わせることができて幸せな春の朝でした。

岡山県　真庭市

🌸 桜は、家族や友人と共にたくさんの思い出も咲かせてくれます。
📷 yasuto.photography　8ヶ月の出張で家を離れ、「桜の咲く時期に帰るから、桜と撮影しよう」と、おばあちゃんと約束していました。家族の一員の芝犬の福ちゃんも一緒に。これからも、たくさんの思い出を残したいと思います。

福島県　裏磐梯・桜峠
JR喜多方駅からバス
- 2,001本のオオヤマザクラがオーナー制により植樹されました。これから育っていく景色が楽しみです。
- sugisugi23　夕日に照らされた桜が圧巻で感動しました。

香川県　紫雲出山
高松自動車道三豊鳥坂IC・さぬき豊中ICから約45分
- 紫雲出山は、浦島太郎が玉手箱を開けて出た白煙が、紫色の雲になってたなびいた山と言われています。
- kunihito_ohtsubo　朝焼けに染まる瀬戸内の多島美と紫雲出山の桜景はまさに絶景です。

静岡県　河津町

伊豆急行河津駅からすぐ

🌸 早春に見られる華やかな河津桜。寒い季節に華やかに咲き乱れる桜並木を楽しみに、たくさんの人々が訪れます。

📷 kiccyomu　春らしい色のコラボ。綺麗でした。

長野県　千曲川桜堤

長野電鉄小布施駅から徒歩25分

🌸 ボリュームたっぷりの八重桜がどこまでも続きます。例年GW前後に満開になるため、桜の見納めにおすすめ。

📷 criss1016　朝日が顔を出す早朝5時、素晴らしい八重桜のトンネルがそこにありました。

HANA map はなまっぷ写真館 1

いろんな桜

あたみ桜

🌸 静岡県熱海市では例年1月初旬頃から桜を楽しめます。糸川遊歩道沿いをはじめ市内のあちらこちらで、一足先に訪れる春を感じることができます。

📷 hoku_x2　優しいピンクが一足早く春を感じさせてくれました。

おかめ桜

🌸 日本の「おかめさん」をイメージして名付けられました。たくさんの桜が咲き誇る神奈川県秦野市では3月上旬頃に見ることができます。

📷 k_kiwi_t　ソメイヨシノより濃いピンク色がとても華やかで綺麗でした。

雅桜（みやびざくら）

🌸 別名「プリンセス雅」とも呼ばれ、5枚の花弁が品良く開きます。福島県花見山公園で撮影されました。

📷 nagatan28　皇太子殿下と雅子様のご成婚を記念した「雅桜」、鮮やかなピンクが綺麗な桜です。

陽光桜（ようこうざくら）

🌸 平和を願い生み出された陽光桜の物語は映画にもなりました。平和のシンボルとして約5万本が国内外に贈られました。こちらは東京都内の公園で撮影。

📷 yumihr　ふわふわ満開で可愛かったです。

日本の桜の8割がソメイヨシノだと言われますが、それでもまだ300種類以上の桜があります。花弁の枚数や色、咲く時期もさまざまで長い間楽しめるのです。ゆっくりと桜を観賞しながら、お気に入りを見つけてみるのも、桜の楽しみ方の1つです。

安行寒桜(あんぎょうかんざくら)

🌸 別名「大寒桜」と呼ばれます。埼玉県の北浅羽桜堤の桜並木は圧巻です。

📷 fleur_eiko　埼玉でもあまり見られない安行寒桜です。ソメイヨシノよりも少し濃いピンクがとても可愛らしい桜です。

緋寒桜(ひかんざくら)

🌸 「寒緋桜(カンヒザクラ)」とも言われ濃い花色が特徴です。沖縄県や鹿児島県では自生して早春に楽しめます。奄美大島で撮影されました。

📷 oxx_sukke　満開の緋寒桜をゆっくり楽しめ、一人旅もとてもいいものと感じました。

御黄衣桜(ぎょいこうざくら)

🌸 貴族が着ていた衣服の萌黄色に近いため名付けられました。愛知県豊橋市で撮影されました。

📷 niji_no_kanata　この優しいGreenに惹かれました。私の「一番好きな桜」です。

横輪桜(よこわざくら)

🌸 年を重ねるごとに花数を増していくそうです。

📷 may1228maho　三重県伊勢市横輪町にのみ存在する横輪桜は、ソメイヨシノの2〜3倍の大きさの花弁を付けるのが特徴です。

チューリップ
tulip

花ことば
思いやり

名前の由来
形が似ているターバンを意味するトルコ語「tulipa」から

　昔チューリップという少女がいました。求婚してくれた3人の男性を思いやり、1人だけ選ぶことができず、自ら望んで花の姿に変えられたという神話があります。

　昔から人々を魅了してきたモテ女のチューリップ。オランダやドイツの商人たちの間で高値で取引されチューリップ・バブルと呼ばれる時代もありました。

　あらゆる男性を虜にする女性らしい曲線美でスタイル抜群。そしてこの完璧なポージング！　春のお花畑のアイドル的存在のチューリップですが、まるでその美貌を氷の中に閉じ込めるように、球根を冷温処理して真冬に咲かせるアイスチューリップも最近人気です。

　どの花みても綺麗な美意識高いチューリップに花まるを。

千葉県　ふなばしアンデルセン公園
JR船橋駅・新京成線三咲駅・
新京成線北習志野駅・北総線小室駅からバス

🌸 球根を冷蔵して温度調整することにより、冬に咲くチューリップ。咲く花の少ない季節、多くの人が姿を見に会いにくる真冬の人気者です。

📷 mika05011972　冬の寒い中、アイスチューリップが元気に咲いていて、見ているほうも元気になりました！

新潟県
五泉市チューリップまつり

JR五泉駅から車で10分、磐越自動車道安田ICから車で10分

🌸 背丈の揃ったチューリップたちがたくさん並んでわいわい楽しそう！

📷 _rio_28　目の前いっぱいに広がるチューリップ畑。わくわくしながら夢中でシャッターを押し続けました。

愛知県　尾張旭市

🌸 チューリップの神話の中では、王冠のような花は名声を表し、剣のような葉っぱは強さを表し、黄金のような球根は財産を表します。チューリップは昔から愛される女性の象徴です。

📷 rhyn_gt　凛として立って、咲いているこのチューリップに魅力を感じました。

富山県　にゅうぜんフラワーロード

あいの風とやま鉄道入善駅から徒歩30分

🌸 こちらは少し大人色のチューリップたち。

📷 hinafollet　チューリップ農家さんのチューリップは、球根を育てるために花は早々に摘まれてしまいます。摘まれると知ってか知らずか、咲くその姿は次世代への命のリレーのようで誇らしげです。

新潟県　胎内チューリップフェスティバル
JR中条駅からシャトルバス

🌸 こんなシーンを見ることができるのは、チューリップの生産が盛んな地域ならでは。一輪一輪が大切に栽培されている様子が伝わってきます。

📷 cocoro_iro_　初の胎内で、球根を掘り上げる作業に遭遇、素敵なシーンを見ることができました。

芝桜 <small>しばざくら</small> moss phlox

- 花ことば　合意、協調
- 名前の由来　芝のように広がる桜のような形の花から

岐阜県　國田家の芝桜

東海北陸自動車道郡上八幡ICから25km

🌸 昭和36年頃から1人の花好きなおばあちゃんによってこつこつと増やされた芝桜の絨毯。おばあさんが亡くなられた後も大切に守られています。

📷 takashikick　1株から植え始め、敷地一面に芝桜を咲かせた花咲ばあちゃんの凄さに感動しました。

　小さな花たちが一丸となり、這うようにどんどん広がっていく芝桜。ピンク色や紫色の布を縫い合わせたようなパッチワークの絨毯のように植えられている場所もあり、カラフルで見事です。見た目は可憐でも、忍耐強い花のため、ガーデニングにも人気です。何十年もかけて増やした結果、庭一面に芝桜が広がり名所になったお宅もあります。

　1つひとつは小さな花でも、こつこつと増やし続けることで大きな花風景になったのです。
　根気よく続ければ大きな夢が広がることを教えてくれる芝桜の絨毯に花まるを。

群馬県
八王子山公園
(太田市北部運動公園)

東武桐生線治良門橋駅から徒歩30分

🌸 広い青空の下に敷かれた一面の芝桜。こんなに大きな敷物が広げられた公園でピクニックすると楽しそうですね。

📷 hisa_snow　小さな丘陵一面に咲いていた芝桜と青い空と木々とのコントラストが綺麗でした。

愛媛県　　禎瑞の芝桜

JR伊予氷見駅から徒歩40分

🌸 土手へのゴミの不法投棄を防ごうと地元の方々によって植えられた芝桜。今では美しい憩いの場所に生まれ変わりました。

📷 satoshi_1123　青空に満開の芝桜がとても綺麗でした。良い瞬間に出会えてとても嬉しかったです。

埼玉県　　羊山公園

西武鉄道横瀬駅・西武秩父駅・秩父鉄道御花畑駅から徒歩20分

🌸 武甲山の麓に敷かれた芝桜のピンクカーペット。秩父の象徴のたくましい姿を称えているようです。

📷 sazaesana　芝桜の絨毯と新緑の武甲山。快晴の空を飛ぶ小鳥たちのさえずりに癒されました。

栃木県　市貝町芝ざくら公園

JR烏山駅から車で15分

🌸 小貝川の流れをイメージして作られた芝桜。まるで川霧が立ち込めたように霧がかった夢のような光景です。

 tamu3773　濃い霧の中、芝桜が一面に咲いている様子がとても幻想的でした。

ネモフィラ
nemophila

> 花ことば

可憐、どこでも成功

> 名前の由来

nemos（小さな森）と phileo（愛する）
というギリシャ語から

　梅、桃、桜、芝桜。春色をたくさん楽しんだ後は、青く可憐なネモフィラが私たちの目を潤してくれます。

　和名で瑠璃唐草（るりからくさ）と呼ばれるネモフィラの色は、爽快な空の青、心落ち着く海の青に例えられ、人気があります。

　そんなネモフィラですが、実はその名前は小さな森で自生している姿に由来します。緑あふれる森の明るい陽だまりの中で、ひっそりと咲くネモフィラ畑を、想像してみるのも心地よいですね。

　どんな景色の中でも、ネモフィラの青い色は私たちを癒してくれます。

　みんな大好きネモフィラブルーに花まるを。

岐阜県　花フェスタ記念公園

JR可児駅または名鉄新可児駅からバス

🌸 木陰の中で陽だまりを浴びて青く輝くお花畑。きっとこんな光景を見て、可憐に咲くこの花を愛しく感じた人が「ネモフィラ」と名付けたのでしょう。

📷 sata_1122　にぎやかな場所ですが、ここだけブルーの可愛い妖精さんがかくれんぼしている森。そんな空間でした♡

大阪府　花博記念公園鶴見緑地

大阪市高速電気軌道鶴見緑地駅からすぐ

🌸 ネモフィラ目線で下から覗くと、大きな風車が可愛く見えます。なにわのネモフィラブルーは絵本のような景色です。

📷 tomyjam36　青空の下で綺麗なネモフィラブルーを見ることができました。

徳島県　あすたむらんど徳島

JR板野駅からバス

🌸 白い建物と地中海のようなネモフィラの青は、爽やかなフランスの景色を思わせます。

📷 naoto.ozzo　清々しい青空と風車の丘に広がるネモフィラの絨毯に癒されました。

大分県　青の洞門

JR中津駅からバス

🌸「日本新三景」と称される耶馬渓の、美しい自然美に溶け込むネモフィラ畑。青の洞門を青に染めようと、地域の方によって作られた風景に癒されます。

📷 nao_k__　青空とネモフィラの絨毯に挟まれた青の洞門は絶景でした。

◀ 神奈川県　里山ガーデンフェスタ

横浜市営地下鉄グリーンライン中山駅から
徒歩1時間

🌸 青と白のネモフィラに葉の色が溶け込むと、サンゴ礁のような美しさ。淡く優しいエメラルドグリーンのような色に見惚れてしまいます。

📷 m__fleur　小さなネモフィラ達の目線から見ると夢の世界が広がっているような気がしました♡

▶ 大阪府　花博記念公園鶴見緑地

大阪市高速電気軌道鶴見緑地駅からすぐ

🌸 ネモフィラを照らす温かな色が、水面から差し込む光のよう。スポットライトを浴びて誇らしげなポーズが印象的です。

📷 hamasaki_11　小さく可憐な花ですが、堂々と咲く姿に懸命さを感じました。

◀ 福岡県　国営海の中道海浜公園

JR西戸崎駅から徒歩10分

🌸 身を寄せ合う様子も可愛らしいネモフィラたち。その姿はまるで海の中からひょっこり顔を出した小さな小さな花の島。

📷 lushien17　小さくて可愛らしいお花の青に心から癒されました。

▶ 埼玉県　国営武蔵丘陵森林公園

東武東上線森林公園駅
またはJR熊谷駅からバス

🌸 深い海の底で揺れているような神秘的なネモフィラブルー。ぶくぶくと心地よい水の音が聞こえてきそうです。

📷 yuka__shm　淡いブルーに包まれた世界は海のようでした。

◀ 神奈川県　くりはま花の国

京浜急行京急久里浜駅、
またはJR久里浜駅より徒歩約15分

🌸 一面爽やかなブルーの中で、ひと際映える鮮やかなビタミンカラー。南国で熟す果物のような弾ける色合いに、癒しと元気をもらえます。

📷 fairi_love_030828　ネモフィラの中に咲く一輪のポピーがとても綺麗でした。

藤(ふじ) japanese wisteria

| 花ことば | 歓迎、陶酔 |
| 名前の由来 | 風に吹かれて花が「吹き散る」ことから |

岡山県　藤公園

山陽自動車道・中国自動車道
美作インターから約50分

🌸 ずっしりと構える幹に女性らしさも感じます。オールドレンズの描写が、藤をより幻想的に表現しています。

📷 __jellyfish__26　幹の力強さにも注目してみました。

　振袖を着た女性のように咲き誇り、濃厚な甘い香りを漂わせながら迎えてくれる藤の花。
　昔から松は男性に、藤は女性に例えられました。しっかりと根を据えた松に、頼るようにからみつき寄りかかる藤の幹。花房のカーテンは圧巻で、ついその美しさばかりに目が行ってしまいますが、藤の木の佇まいはこんなにも美しく女性らしいのです。好みの女性を探すように、お気に入りの幹を探すのも楽しみの1つ。
　美しい古来の世界に手招きしてくれる、妖艶な藤の誘惑に花まるを。

◀ **大分県　千財農園**

宇佐道路
四日市ICから車で約5分

🌸 藤の花は幹の方から先端に向かって順に咲き進んでいきます。

📷 nao_k__　藤棚を見上げたら太陽が透けて見えて、とても美しかったです。

▶ **岐阜県　竹鼻別院**

名鉄竹鼻線
羽島市役所前駅から徒歩5分

🌸 幹の下に散らばる藤の花びら。立体感のある藤の花の絨毯はふかふかです。

📷 yougram_　藤の花びらの絨毯がとても綺麗でした。

福岡県　吉祥寺公園

筑豊電気鉄道筑豊香月駅から徒歩25分
またはバス下車後徒歩約7分

🌸 美しく繊細な曲線を描く藤の幹や枝。花房は長い髪のようで女性らしい佇まいを感じます。

📷 tewakusun　藤から放たれるパワーと香りにいつまでもその場所から離れたくなかったです。

京都府　鳥羽水環境保全センター

JR竹田駅・JR京都駅からバス

🌸 明るいレンズで手前をぼかして撮影すると藤の花がキラキラと輝きます。ピントをどの房に合わせて撮るかが腕のみせどころです。

📷 bechan7　限られた期間だけの公開でしたが、いいお天気と見頃に恵まれてキラキラ輝く藤が撮れました。

▲ 山口県　一貫野の藤

中国自動車道徳地ICまたは鹿野ICから約30分

🌸 清流の上に藤の大木が咲き誇ります。この美しい景観は地元の方々の手により長年管理され守られています。

📷 imo_z　小川沿いに大きな野藤が鈴なりに花を咲かせる姿は圧巻でした。花房が長く、優雅な雰囲気を漂わせていました。

▶ 愛知県　天王川公園

名鉄津島駅から徒歩15分

🌸 かつては藤浪の里と呼ばれていたこの地域。幻想的な紫色の花筏は、藤棚の下に小川が流れるこの場所ならではの光景です。

📷 yumaro16　満開の藤棚と藤の花筏がとても綺麗でした。

静岡県　熊野の長藤

JR磐田駅からバス、下車後徒歩16分

🌸昭和7年に天然記念物に指定され、樹齢は推定800年以上と言われています。『平家物語』にも登場する美女「熊野御前」が平安時代の後期に植えたとされています。

📷 __cerisier__89　藤の甘い香りとキラキラ光る綺麗なパープルがとても優美で癒されました。

埼玉県　牛島藤花園

東武野田線藤の牛島駅から徒歩10分

🌸 昭和3年に天然記念物に指定され、樹齢は約1200年と言われています。平安時代のころから高貴で美しい輝きを放っていたのでしょう。

📷 8ru_photo　風に揺られて、きらきらと連なる宝石のようでした。

愛知県　曼陀羅寺公園

名鉄一宮駅・名鉄江南駅・JR尾張一宮駅からバス

🌸 藤のカーテンが幕を下ろすと、次はツツジが見ごろとなります。

📷 kinokoyy_pink　藤の花は光が当たるとキラキラするので朝イチに行くと、ツツジも咲いていたのでピンク系でまとめて一緒に撮ってみました。

躑躅(つつじ) azalea

花ことば 節度、慎み
名前の由来 筒状の花から雄しべが出ていることを「つつしべ」と呼んだことから

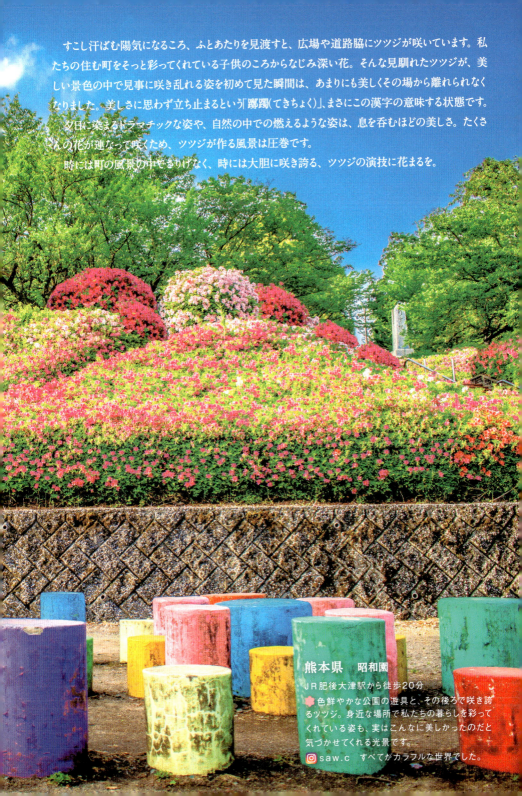

すこし汗ばむ陽気になるころ、ふとあたりを見渡すと、広場や道路脇にツツジが咲いています。私たちの住む町をそっと彩ってくれている子供のころからなじみ深い花。そんな見馴れたツツジが、美しい景色の中で見事に咲き乱れる姿を初めて見た瞬間は、あまりにも美しくその場から離れられなくなりました。美しさに思わず立ち止まるという「躑躅(てきちょく)」、まさにこの漢字の意味する状態です。
夕日に染まるドラマチックな姿や、自然の中での燃えるような姿は、息を呑むほどの美しさ。たくさんの花が連なって咲くため、ツツジが作る風景は圧巻です。
時には町の風景の中でさりげなく、時には大胆に咲き誇る、ツツジの演技に花まるを。

熊本県　昭和園
JR肥後大津駅から徒歩20分
🌸 色鮮やかな公園の遊具と、その後ろで咲き誇るツツジ。身近な場所で私たちの暮らしを彩ってくれている姿も、実はこんなに美しかったのだと気づかせてくれる光景です。
📷 saw.c　すべてがカラフルな世界でした。

茨城県　笠間つつじ公園

JR笠間駅からバス

❀ 日常の町と、非日常のツツジ、2つの世界を一度に見渡せる夢のような景色です。

📷 pudding39　ツツジの赤と夕焼けの色が絶妙に混ざり合い、素敵なひとときを演出してくれました。

秋田県　千秋公園

JR秋田駅から徒歩10分

❀ 目が覚めるほどの真っ赤なツツジが癒しをくれます。

📷 shimya　色鮮やかなツツジが咲き誇る公園。空に向かって咲く姿がとても綺麗でした。

宮崎県　天神山つつじ公園

JR延岡駅からバス、下車後徒歩5分

❀ 丸くに刈られたツツジが斜面にたくさん並んでいます。

📷 sakura.hill　色鮮やかなツツジが夕日に照らされてとても綺麗でした。

長崎県　長串山公園

MR松浦鉄道
江迎鹿町駅前からバス

🌸 西海国立公園の見事な眺望と同調しながら咲き誇る姿も美しいです。

📷 sai693　背景に北九十九島の夕景が拝める長串山公園のツツジ。溜息ものの絶景に癒されました。

▲ 奈良県　葛城山
近鉄御所駅からバスとロープウェイ
🌸 山頂まで上るとそこはまるで別世界。驚くほど真っ赤に広がる一目百万本のキリシマツツジがまぶしいほど鮮やかに目に飛び込んできます。
📷 7010._.5　真っ赤に燃えるようなツツジの山に心が熱くなりました。

▶ 宮城県　徳仙丈山
JR気仙沼駅からタクシー（運行日限定バスあり）
🌸 真っ赤で豪華な花道は通る人を称賛しているよう。一面に咲き誇る圧巻の光景の中でも控え目な姿にツツジらしさを感じます。
📷 nao_____ya　色鮮やかなツツジに囲まれた一本の道が印象的でした。

長崎県　雲仙仁田峠

雲仙温泉から車で15分

🌸 日本で最初に国立公園に指定された豊かな自然が広がる雲仙。長崎県の県花でもあるミヤマキリシマが辺り一面をピンク色に染め上げます。

📷 _kana_m_i_　満開の時期に初めて斜面いっぱいのミヤマキリシマを見ることができました。

京都府　るり渓高原
JR園部駅からバス

🌸 淡い紫色の花色が優しい印象の山ツツジ。辺り一面に咲き乱れる小ぶりの花が水の中まで色づけて美しい景色が広がります。

📷 ｙｕｒｕｐｏｙｏｏｏ　湖を囲む山一面の紫を、小さなお花たちが作り出していることにドキドキしました♡

島根県　関の五本松公園
宇井渡船場または美保関ターミナルからバス

🌸 高台まで登ると、向こうに見える日本海と大山。青く爽快な景色をさらに引き立てるように、ツツジたちが色どりを添えています。

📷 ｎ＿ａｔａｍｏ３　山一面に咲き誇る色鮮やかなツツジがとても綺麗でした。

大分県　平治岳
🌸 九重連山の中でもここのミヤマキリシマが一番美しいと言われます。

📷 ｔａｋａ＿ｓａｃｋ　九州各地の高山で自生するミヤマキリシマ。この開花に合わせて全国の登山愛好家が九州の山々を訪れます！　深い山に咲くツツジという意味で「ミヤマキリシマ」と命名されたそうです。

埼玉県　狭山市
🌸 葉っぱが多いため可愛く撮るのが難しく、他の花に比べるとアップで撮ってもらえる機会が少ないツツジ。咲き方次第でこんなに可愛く撮れるんですね！

📷 ｔａｋａｈｉｒｏ＿ｔｅａｃｈ　通勤途中に咲いているツツジ、各々が好きな方向へ咲いている中で自己主張するかのように前にせり出す姿をおさめました。

ポピー
popy

> 花ことば

いたわり、眠り

> 名前の由来

ラテン語で幼児に与えるお粥「papa」
から

　細い茎の上に鮮やかで大きな花びらをつけるポピー。可愛いらしさの中にあるちょっと秘密めいたビジュアルが魅力的。

　見ているだけで元気な気分になるポピーですが、実は古くから眠りに誘う花と言われています。紀元前400年頃のギリシャでは眠り薬や麻酔薬として用いられていました。ポピーの実から採れる乳汁をお粥に入れて子供を寝かせる習慣もあったそうです。

　眠れない夜は、ポピーの花を思い出してみてください。

　優しい子守唄を歌ってくれる母親のようなポピーに花まるを。

埼玉県　こうのす花まつり
JR吹上駅からシャトルバス

🌸 母親のような優しい花びらと、うな垂れた姿も可愛い蕾。ポピーの蕾は上を向いて成長した後、一度垂れ下がります。そして花を咲かせる前日にまた上を向きます。不思議ですね。

📷 slowneige　朝露がキラキラ輝く本当に感動的な光景でした。ファインダー越しに見える世界があまりに綺麗すぎて、ドキドキしながら撮影したのを覚えています。

▲ 茨城県
小貝川ふれあい公園

関東鉄道常総線下妻駅から
バス、下車後徒歩5分

🌸 地域の方々によって作られているお花畑が、筑波山に見守られ神秘的な朝を迎えます。

📷 onotch.x　朝霧が立ち込めるポピー畑と夜明けの筑波山のシルエットの組み合わせを撮りたいと思い訪れました。

◀ 埼玉県
こうのす花まつり

JR吹上駅からシャトルバス

🌸 シルエットで映るアーチ状の荒川水管橋もロマンチックです。

📷 __yuk0__　ポピーが夕日の暖かい光に照らされてとても綺麗でした。

埼玉県　天空のポピー

秩父鉄道皆野駅から
シャトルバス(運行日限定)

🌸 眠りに誘うような心地よいポピーの姿に気持ちも安らぎます。

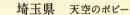sken02　大雨の後に現れた霧のお陰で、まさに幻想的な天空感のあるポピー畑でした。

岡山県　笠岡ベイファーム

JR笠岡駅からバス(運行日限定)

🌸 真っ赤なポピーが夕日に染まり、さらに赤さを増します。

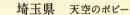cocoron.yuri　夕暮れに染まる広大なポピー畑に感動しました。

九輪草
くりんそう

japanese primrose

花ことば
幸福を重ねる、物覚えのよさ

名前の由来
花の咲き方が仏塔の先端の「九輪」に似ていることから

　山の中の水辺や渓谷などの湿地でひっそりと、光を浴びながら可憐に咲く九輪草。
　茎を囲むように輪になって段状に咲いていきます。九輪草と言われても実際に輪状の花をつけるのは多くても五段。下の方から一段ずつ咲いては枯れるため、同時に咲くのは二～三段。きっとそんな様子から「幸福を重ねる」という素敵な花言葉が生まれたのでしょう。
　四つ葉のクローバーを探すように、四段に咲く九輪草を見つけることができたら、さらなる幸運が舞い込むかもしれませんね！
　気づかない場所にも、たくさんの幸せがあることを教えてくれる九輪草に花まるを。

栃木県　千手が浜
JR日光駅・東武鉄道東武日光駅からバス

🌸 明るく輝く九輪草と向こうに見える人のシルエット。物語を感じる可愛い光景です。

📷 tsumugi_photo7　木々の間から光が差し込み、九輪草たちを照らし出す様子がとても素敵でした。

◀ 岐阜県　花の森四十八滝山野草花園

中部縦貫自動車道高山ICから約30分

🌸 日陰を好む九輪草。わずかに差し込む光との共演にも注目です。

📷 kazunobu_camera　木々の間から斜光線が差し込みグラデーションが綺麗でした。

▶ 栃木県　千手が浜

JR日光駅・東武鉄道東武日光駅からバス

🌸 九輪草の咲く季節にたくさんの人が訪れる千手が浜。奥日光の美しい風景の中で咲く可憐な姿に癒されます。

📷 slowneige　森の中に広がるお花畑。高地の心地よい風と空気の中、気持ちよさそうに咲いていました。

◀ 静岡県　富士花鳥園

新東名高速道路新富士ICから約45分
または中央自動車道河口湖ICから約40分

🌸 黄色にピンク、明るくカラフルな九輪草の背景色も素敵です。

📷 _ka0ri　林道を抜けると「パァ!」と鮮やかな色とりどりの九輪草が笑顔でお出迎えしてくれます。アゲハ蝶や蜂も遊びに来ていました。

▶ 兵庫県　ちくさ高原

中国自動車道山崎IC・佐用ICから約60分

🌸 多重露光で撮影して幻想的に表現された九輪草。幸福もさらにたくさん重なりそうですね。

📷 yzphoto7422　たくさんの九輪草に心奪われました。

◀ 長野県　九十九谷森林公園

中央自動車道飯田ICから約30分

🌸 喬木村の村花に指定されています。数百株だった九輪草が地元ボランティアの方々により今では約5万株にまでなりました。

📷 peeeeco　森の中で、可憐ながら力強く咲き乱れる姿に魅了されました。

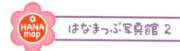
はなまっぷ写真館 2

魅惑の花々

花を撮影していると、いろんな花に出会います。
それまで存在すら知らなかった珍しい花を見つけたり、
普段は気にも留めなかった花が、ファインダーからのぞくと魅力的であったり。
一輪の花に魅了され、1時間以上その場から離れられなくなることも。
魅力あふれる花々をご覧ください。

ヒスイカズラ
花言葉：私を忘れないで
見頃：3月下旬〜5月下旬

🌸 色も形も神秘的。栃木県井頭公園のヒスイカズラです。お近くの植物園でも咲いているかも!? ぜひ探してみてください。

📷 hitomi_nya　日差しを浴びて、まるで翡翠色の宝石のように輝いていました。とてもキレイでした。

ユキノシタ
花言葉：秘めた感情
見頃：5月〜6月

🌸 袴をはいているような珍しい花の形が可愛いですね。写真でしか見ることのできない魅力が伝わってきます。東京都内で撮影されました。

📷 miyako_koumura
日陰に咲く15cmほどの小さな花は、マクロレンズで覗くと白い妖精が舞っていました。

紅虎杖（べにいたどり）

花言葉：ひとときの癒し　見頃：7月～9月

🌸 明月草（めいげつそう）とも呼ばれます。東京都向島百花園で撮影されました。

📷 mink_fantasy　秋の柔らかな光に照らされた明月草はまるで赤い宝石のようでした。

馬酔木（あせび）

花言葉：献身　見頃：2月～4月

🌸 驚くほどの透明感で、壺状の花がたくさん咲きます。山梨県ハイジの村で撮影されました。

📷 ululun　夕日の中、馬酔木の花びらも透き通っていました。

ニゲラ

花言葉：夢で逢いましょう　見頃：4月～7月

🌸 花や葉の形が個性的。魅惑のフォルムで多くの人を惹きつけます。長崎県内で撮影されました。

📷 oukan825　水色のニゲラは花びらの色が濃くなりシベの雰囲気も変わります。風に揺らぐ姿が素敵です。

アガパンサス

花言葉：知的な装い　見頃：5月～8月

🌸 涼しげな色合いが人気のアガパンサス。道路脇などでも見かけます。福岡県内で撮影されました。

📷 nissy24_ig　梅雨の合間に射した日差しを浴びてキラキラ輝いていました。

杜若 / 菖蒲 / 花菖蒲
japanese iris

花ことば	良い便り、希望
名前の由来	かきつばた：花汁で布を染めたことによる「書き付け花」から あやめ：花弁に網目状の文目（あやめ）模様があることから はなしょうぶ：菖蒲（しょうぶ）に似た葉に花が咲くから

千葉県　水郷佐原あやめパーク
JR佐原駅からバス

🔴 あやめ祭りにたくさんの花菖蒲が咲き誇ります。花菖蒲を「アヤメ」と呼ぶ地域もあります。

📷 vanilla_graph　新緑に映える爽やかな色合いのアヤメと水辺の舟遊びが涼しげでした。

　「いずれ菖蒲か杜若」と言われるように、一目見て菖蒲か杜若かわかる方は少ないのではないでしょうか？菖蒲と書いて「ショウブ」とも「アヤメ」とも読み、花菖蒲は総称して「アヤメ」と呼ばれることも。いずれもアヤメ科アヤメ属に属し、英語では「japanese iris」とまとめて呼ばれます。
　花が好きな人ほど混乱し、毎年調べることになる花々ですが、実は見分け方は簡単。美しい花弁の根元をじっくりと眺めてみてください。見分けられるようになると菖蒲園に行くのがもっと楽しくなるはず。「これはアヤメ！」と即答できるようになりたいですよね。
　杜若、菖蒲、花菖蒲、見分け方を覚えていただけたらみなさんに花まるを。

兵庫県　多聞寺

JR舞子駅からバス

🌸 花弁の根元が「白い線状」になっているのが杜若です。杜若は水辺や湿地に咲きます。

📷 shellru_daisuki　薄紫の杜若が咲く中、一輪だけひと際濃紫の花が咲き、彩りを添えていました。

群馬県　館林つつじが岡第二公園
（館林花菖蒲園）

東武鉄道館林駅からバス

🌸 花弁の根元が鮮やかな黄色になっているのが花菖蒲です。花菖蒲は湿り気のある土壌に咲きます。

📷 kaze_photo　ぴったりと寄り添い咲く姿に、一層の美しさを感じました。

▶ **三重県**

二見しょうぶロマンの森

JR松下駅から徒歩7分

🌸 花弁の根元が「網目状」になっているのが菖蒲(アヤメ)です。菖蒲は水はけの良い土に咲きます。

📷 gun_maru　小さな道の駅の奥に広がり、初夏にはホタルにも会えます。

▼ **愛媛県**　あやめの里

伊予鉄道田窪駅から徒歩15分

🌸 近所の方が植えてくださったたくさんの菖蒲(アヤメ)が並んで咲き、小川沿いが美しい菖蒲色に染まります。

📷 hayapt_555　1人、花園で撮影していると友人が来て、その帰り姿が楽しそうだったので、入ってもらいました。

神奈川県　横須賀しょうぶ園

JR衣笠駅からバス

🌸 1本の茎に2〜3個の蕾をつける花菖蒲は1番花を摘むことにより2番花が咲きます。

📷 yuki__hamakko　梅雨の合間、優雅に咲く菖蒲や紫陽花を見ていると、日本に四季があって本当に良かったなぁと感じます。

東京都　小岩菖蒲園

京成電鉄江戸川駅から徒歩5分

🌸 江戸時代に品種改良が重ねられ、園芸植物として楽しまれた花菖蒲。さまざまな色や柄があります。

📷 tajimo.blue　河川敷にあるため、気持ち良い風が抜ける菖蒲園。夕暮れ時になると水面がキラキラと光り、素敵な景色でした。

愛知県　賀茂しょうぶ園

JR豊橋駅からバス

🌸 夜の灯りに照らされた花菖蒲も美しいですね。

📷 ny_1028　私の地元・愛知県豊橋市では毎年5月下旬頃から「花しょうぶまつり」が開催されます。夜にはライトアップも行われます。この写真のような紫色の菖蒲は、何だか大人っぽい雰囲気を演出してくれるので気に入っています！

神奈川県　相模原公園

JR原当麻駅から徒歩20分

🌸 梅雨の季節を染める花菖蒲の上品なグラデーション。伝統色で染められた布のような色合いに、日本らしい美しさを感じます。

📷 amai_mizu_　屏風絵のような美しい花菖蒲に胸が震えました。

大分県　神楽女湖

大分自動車道別府ICから約30分

🌸 平安時代に鶴見岳社の歌舞女が住んでいたという伝説がある神楽女湖。しっとりと美しく咲く花菖蒲の魅力が引き立つ光景です。

📷 sai693　山奥で頻繁に濃霧が発生する、梅雨時期とてもヒンヤリするスポットです。花菖蒲の紫が霧と相まってとても神秘的な場所でした。

紫陽花
あじさい

hydrangea

花ことば
家族団らん、仲良し

名前の由来
藍色の花が集まって咲くという意味の「あづさあい」から

　梅雨になると小さな花たちが集まり、身を寄せ合って可愛い花を咲かせる紫陽花。花や葉にあたる雨音のリズムは心地よく、私たちの心も弾ませてくれます。
　別名「七変化」とも言われ、土壌の色や花の咲く過程で色が変化します。そして家族のように挿し木で増えていく紫陽花は、育ててくれる人の愛情によっても、それぞれの色に染まるのです。
　どんよりした空から降る雨粒が、七色にちりばめられたように色とりどりに咲き乱れます。
　梅雨時に虹色の世界を描いてくれる仲良しの紫陽花たちに花まるを。

静岡県　下田公園
伊豆急下田駅から徒歩20分
🌸 万華鏡を覗いたように見事に咲き乱れる紫陽花。見渡す限り色とりどりに咲く花々の世界に吸い込まれていきそうです。
📷 ryovu　一面カラフルな色合いと花数の多さ、梅雨の時期しか見られない絶景でした。

埼玉県　美の山公園

関越自動車道花園ICから約40分

🌸 梅雨時の風景がこんなにも彩り豊かです。

📷 pure_photomagic　しっとりとした夜明けの景色に紫陽花が良く似合っていました。

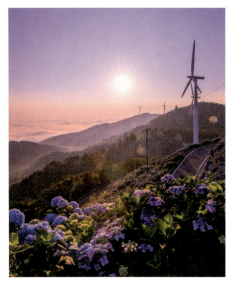

徳島県　大川原高原

徳島自動車道徳島ICまたは板野ICから約90分

🌸 一面に広がる雲海を眺めながら天空に咲き誇る紫陽花。風力発電の大きな風車にも非日常を感じます。

📷 yuming.photography_　雲海の向こうに太陽が昇りはじめると、紫陽花の群生が一斉に光を浴び、夢中でシャッター切りました。

愛知県　形原温泉あじさいの里

JR蒲郡駅からバス

🌸 カラフルで鮮やかな紫陽花はアンダー気味に撮影しても華やかです。隣同士で身を寄せ合って咲いていても、こんなにも色が変化するんですね。

📷 hori_fuwa96m　美しいグラデーション。自然が創り出す色に感動しました。

秋田県　雲昌寺

秋田自動車道昭和男鹿半島ICから約40分

🌸「境内に一株あった紫陽花を切り花にして夜ふと目をやったら、本当に綺麗で心奪われてしまいました。これを増やしたら檀家さんや近所の方々に喜んでもらえるだろうなぁという気持ちと、仏様やご先祖様へのお供えのお花の意味も込めて増やし始めました」（雲昌寺副住職・古仲宗雲さん）。美しい紫陽花に囲まれて仏様も嬉しそうですね。

📷 shimya　一面青の紫陽花は圧巻の景色でした。毎年見に行くのがとても楽しみです。

沖縄県　よへなあじさい園

沖縄自動車道許田ICから約30分

🌸 あじさいばあちゃんと親しまれていた饒平名ウトさんが趣味で増やされたあじさい園です。熱帯植物との共演が魅力的。沖縄ならではのトロピカルな雰囲気にワクワクします！

📷 erika520anko　雨降る日に訪れました。雨に濡れ、生き生きとする紫陽花がとても美しく、感動ものでした。

東京都　南沢あじさい山

JR武蔵五日市駅から徒歩40分

🌸 半世紀にわたり大切に育てられた紫陽花たちが森の中で鮮やかに咲き乱れます。

📷 setsugetsufu_ka　47年かけて、たった1人で1万株の紫陽花を植えた現代の「花咲か爺さん」のお山に感銘を受けました。

岩手県　みちのくあじさい園

JR一ノ関駅からバス、下車後徒歩15分

🌸 東京ドーム3個分の広さを誇るあじさい園。その長い杉林のゴールで旗を振って待つようにアナベルという品種の白い紫陽花が咲いています。

📷 nakasan_1505　紫陽花の山の遊歩道を進み最後に見えてきた圧巻の紫陽花畑。息をのむ美しさでした。

和歌山県　花園あじさい園

高野山から高野龍神スカイラインで約30分

🌸 標高1,040mの林に咲く紫陽花は山から流れる清流のよう。スカイラインの途中にあり、雄大な山並みを見渡せる周囲の景観も抜群です。

📷 marin1015　山の斜面の青紫陽花が朝靄に包まれて幻想的でした。

新潟県　大王あじさい園

日本海ひすいライン能生駅から徒歩15分

🌸 この場所で民宿を営んでいたご主人が趣味で植栽したのが始まりだそうです。紫陽花と青空と日本海、まさに青一色の清々しい景色に癒されます。

📷 peeeeco　頂上は、海と青空と彩り豊かな紫陽花が一望できる贅沢な場所でした。

三重県　かざはやの里
近鉄久居駅からバス、下車後徒歩15分
🌸 いろんな色の紫陽花が咲き乱れる人気急上昇中の花園です。
📷 yougram_　とても気持ち良さそうに、紫陽花が水浴びをしていました。

大阪府　道の駅 しらとりの郷・羽曳野
大阪府羽曳野市埴生野975-3
🌸 虹色に咲き乱れる紫陽花の花々が楽しめる贅沢な道の駅です。
📷 k_aug23　朝の優しい光に照らされた紫陽花がとても綺麗でした。爽やかな初夏を感じました。

蓮 lotus
はす

- 花ことば　清らかな心、神聖
- 名前の由来　果托が蜂巣（はちす）のようなことから

福井県　花はす公園

北陸自動車道今庄ICから約10分

🌸 きっと多くの人が思い描く、蓮の神聖なイメージの風景ではないでしょうか。雨が降った翌日や、いつもより少し冷え込む朝に出かけると、このような瞬間に出会えるかもしれません。

📷 studio_sunset_sea　早朝の蓮田に日が昇る頃、徐々に花たちも目覚めはじめ、ゆっくりと花開いていきます。朝靄と光芒に神々しささえ感じるひと時でした。

　夏になると、早起きした人だけが見ることのできる極楽浄土の世界が現れます。
　朝日が昇ると花が開き、午後には閉じてしまうのが蓮の花。1億年以上も昔、恐竜が全盛期だった頃から地球上に存在し、約2千年前から日本でも咲いていたと言われています。
　たった4日間の花の命ですが、神聖な空気感にあふれているのは、私たちが想像もできないような風景をこれまでにたくさん見て経験してきたからかもしれません。
　何千年もの時を超えて太古のロマンを咲かせる蓮に花まるを。

埼玉県　古代蓮の里
JR行田駅または秩父鉄道行田市駅からバス

🌸 地中に眠っていた1400〜3000年前の蓮の実が発芽して花を咲かせたという行田蓮。長い眠りから目覚め、まるでタイムカプセルを開けたような夢のある花の中には、どんなメッセージが込められているのでしょうか。

📷 kjknic　朝日を浴びた古代蓮がとても崇高な雰囲気でした。

愛知県　森川花はす田
名鉄佐屋駅から徒歩30分

🌸 愛知県愛西市では江戸時代の頃から蓮根の栽培が盛んになり、今でも付近に蓮田が広がっています。

📷 takashikick　パカッと割ったような綺麗な蓮の花。短命というのがまた魅力を感じます。

奈良県　藤原宮跡
JR畝傍駅・近鉄耳成駅・近鉄畝傍御陵前駅から徒歩30分

🌸 朝日に染まりまっすぐ茎を伸ばして、かつての都が栄え華やかだった時代を思い出しているように凛と咲く蓮。藤原京の跡地には、夏になると蓮の花が咲き乱れます。

📷 syuhei.k_photo　早朝に花開く蓮。朝日に輝くその姿は神々しく清らかな気持ちにさせてくれました。

◀ **東京都　八王子市**

🌸 4日間の短い命の蓮。2日目の朝7時から9時頃が一番美しく咲きます。一輪の蓮を4日間観察してみるのも楽しいですね。

📷 momiji.michi　朝日を浴びて花びらが透けるように美しかったです。

▶ **高知県　蓮池公園**

高知自動車道土佐ICから車5分

🌸 地域住民の憩いの場となっている蓮池で葉っぱに隠れる可愛い蓮。綺麗な水玉を作る葉っぱの傘は、私たちに「ロータス効果」と呼ばれる超撥水のしくみを教えてくれました。

📷 fuwarin_coharu　梅雨時の雨の日の午後、蓮の葉を傘がわりに雨宿りをしているような愛らしい姿が目に留まりました。

◀ **宮城県　伊豆沼・内沼**

JR東北新幹線
くりこま高原駅から車で約10分

🌸 日本一の規模とも言われる伊豆沼の蓮。沼一面に咲くどこまでも続く蓮の花を、小型の遊覧船に乗って湖上から楽しむこともできます。

📷 bote_chan　沼一面に咲き誇る様子は、時を忘れてしまう美しさでした。

▶ **千葉県　千葉公園**

JR千葉駅から徒歩10分
千葉都市モノレール千葉公園駅前から徒歩0分

🌸 遺跡で発掘された蓮の実が発芽し、2000年の眠りから目覚めた大賀蓮。今では日本全国に分根され、「世界最古の花」としてたくさんの人々を魅了しています。

📷 dice.photo　暑い日でしたが、それを忘れてこの花に魅入ってしまいました。

◀ **山形県　大山上池**

JR羽前大山駅から徒歩15分

🌸 鳥たちが越冬する自然豊かな湿地に、夏になると無数の蓮が現れます。何千年も昔にはこのような光景があちこちに広がっていたのかもしれません。

📷 swing_fragrance　8月のお盆の頃、大山上池の一面を埋めつくすほどの大蓮の花々。初めてみた光景に、ここは天国の花園？と想像させられました。

蓮華升麻
れんげしょうま
※日本固有種のため英語名はなし

花ことば
伝統美

名前の由来
蓮華(れんげ)のような花と晒菜升麻(さらしなしょうま)のような葉から

　真夏の暑い日は、森の中でひっそりと咲くレンゲショウマに会いに行ってみてはいかがでしょう。
　細長く伸びた茎の先に、お祭りの提灯のような丸い花をぶら下げるレンゲショウマ。薄暗い森の中で木漏れ日に灯りを灯されて、ゆらりゆらりと揺れながら訪れる人を迎えてくれます。小さな花が可憐に乱舞する様子から、「森の妖精」とも呼ばれ、花の少ない夏に人々をひそかに魅了しています。日の当たり方や撮影する角度によって、みなさんそれぞれの灯りを見つけてみてください。
　涼しげなレンゲショウマたちが贈る、森の中の夏祭りに花まるを。

静岡県　秩父宮記念公園
JR御殿場駅からバス

🌸 珍しい白花のレンゲショウマ。真っ白で花が涼しげに咲く姿をみると暑さも和らぎます。

📷 _ka0ri　ほの暗い林内にふんわりと灯りがともるように咲いていてまさに「天使のランプ」「森の妖精」として人々を魅了していました。

▶ **東京都　殿ヶ谷戸庭園**

JR国分寺駅・西武鉄道国分寺駅から徒歩2分

🌸 蝋細工のように艶やかな花びらが魅力的な一輪。光に透ける姿も美しいですね。

📷 n＿＿aru3　可憐で神秘的な森の妖精に都内で出会えました。

◀ **東京都　御岳山**

JR御嶽駅からバスとケーブルカー

🌸 凛とした立ち姿でほのかな灯りを灯すレンゲショウマ。ひっそりと咲く姿が魅力的です。

📷 yoceantoi　雨上がりの御岳山に、森の妖精と呼ばれるレンゲショウマを撮りに行きました。細い茎、俯いているように咲く白いお花を儚くも強くイメージし表現しました。

▶ **群馬県　赤城自然園**

JR渋川駅からシャトルバス(期間限定)

🌸 大小の玉ぼけがレンゲショウマを照らしています。

📷 slowneige　木漏れ日が当たった瞬間、ライトが灯ったように輝きだしました。

◀ **東京都　御岳山**

JR御嶽駅からバスとケーブルカー

🌸 木陰でひっそりと泣いているような表情豊かなレンゲショウマにドキドキします。

📷 ululun　森の妖精と言われるレンゲショウマ。木々の間からこぼれるわずかな光の中で、花びらが一粒の涙をこぼしているように見えて心を奪われてしまいました。

▶ **北海道　国営滝野すずらん丘陵公園**

札幌市営地下鉄真駒内駅からバス

🌸 真ん中で筒状になっている紫色の部分がレンゲショウマの花です。花のように見えている外側の部分は実は萼(がく)なのです。

📷 kuma_emi　可憐な妖精のようなレンゲショウマの花畑は森の木漏れ日に照らされてキラキラ輝いていました。

ラベンダー
lavender

> 花ことば
> 繊細、優美

> 名前の由来
> lavo（洗う）というラテン語から

　夏のラベンダー畑は、みんなの憧れ。ラベンダーの紫色は非日常的で美しく、見るだけで大自然の中で空気を吸っているような気分になります。ハーブの女王と言われる香りはもちろんのこと、小さく繊細な花と深みのある上品な紫色は私たちの心も落ち着かせてくれます。古代ローマの時代から、お風呂や洗濯に用いられ人々を清潔にして癒してくれました。

　心地よい香りと色で体の中から癒してくれるラベンダーに花まるを。

北海道　ファーム富田
JRラベンダー畑駅から徒歩7分

🌸 ラベンダーの香りの効果は「リラックス」「鎮静」「睡眠」。繊細で小さな花から心地よい香りが漂い、私たちを夢心地の世界へ誘ってくれます。

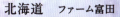 yuka__shm　背景のグラデーションとラベンダーの優しい色がとても綺麗でした。

秋田県　美郷町ラベンダー園

JR大曲駅から車で40分

🌸 雪のように真っ白で幻想的なラベンダー「美郷雪華」は、この場所で生まれたオリジナルの品種です。

📷 maki0303xx　時折小雨が降る日でしたが、露が少しかかり紫色のラベンダー畑の風景がより一層美しく見えました。

福井県　三国ラベンダーファーム

えちぜん鉄道水居駅から徒歩30分

🌸 青空の下に広がるラベンダー畑が福井県でも楽しめます。

📷 studio_sunset_sea　ラベンダーの花が爽やかな海風に揺られるたび、良い香りに包まれ、なんとも幸せな気持ちになりました。奥に見える牧場の建物が可愛らしく、ちょっとしたアクセントに。

北海道　日の出公園

JR上富良野駅より徒歩15分

🌸 ラベンダーの香りと富良野の空気を体中に吸い込んでリフレッシュできます。

📷 93kumi93　富良野市街を一望できるラベンダー畑です。空が近く感じられるお気に入りの場所です。

百合
lily

花ことば
純粋、無垢

名前の由来
風に吹かれて揺れる「揺り」から

　細く真っ直ぐな茎の上に大きな花を咲かせながら夏の風に揺れるユリ。「立てば芍薬、座れば牡丹、歩く姿は百合の花」と言われ、軽やかに歩く女性の姿に例えられます。
　列を成して歩くように大胆に咲き誇り、豊かな香りを漂わせながら辺り一面に鮮やかなラインを描きます。
　暑い中でも背筋を正して楽しませてくれる華やかなユリのパレードに花まるを。

岐阜県　谷汲ゆり園

樽見鉄道谷汲口駅
または養老鉄道揖斐駅からバス

🌸 緑に囲まれた森の中で新鮮な空気とユリの香りを楽しめる涼し気なユリ園です。

📷 suehiro.yamazaki　木立の中に色とりどりのユリの花が美しく咲き揃っていました！

◀ 埼玉県　ところざわのゆり園

西武鉄道西武球場前駅から徒歩3分

🌸 透き通るように真っ白なユリは花言葉の純潔そのもの。聖母マリアの象徴とされています。

📷 yoceantoi　白いユリは香りが強く、撮影しながらとても幸せな気持ちになれました。日陰にそっと咲くユリの背景の木々の木漏れ日も美しかったです。

▶ 新潟県　月岡公園

関越自動車道堀之内ICから約10分

🌸 たくさんのユリに囲まれてお母さんの愛情が伝わる微笑ましい光景です。

📷 hirobenz250　月岡公園ゆりまつりでは、10,000本のユリがお出迎え！

◀ 北海道　ゆりの郷こしみずリリーパーク

JR網走駅から車で45分

🌸 色とりどりのユリが作るパステルカラーの絨毯。ユリの花畑は白樺の木にもよく似合います。

📷 93kumi93　通りすがりにふらっと寄った場所でしたが、パーク一面に広がる予想以上に綺麗なユリの数々に驚きました。

▶ 福井県　ゆりの里公園

えちぜん鉄道西長田ゆりの里駅から徒歩20分

🌸 綺麗なピンク色のユリがこんなにも大胆に咲く姿に元気をもらえますね！

📷 kayo.photoaka　ゆりの里公園で満開のユリから美しさと力強さを感じました。

◀ 宮城県　南くりこま高原一迫ゆり園

東北自動車道築館ICから約20分

🌸 百合たちが美しい螺旋模様を描きます。

📷 kuuto1469　撮影に訪れた日は雨でジメジメしていましたが、いろいろな種類のユリが咲き誇り素晴らしい風景を見せてくれました。

個性あふれる1枚

「へぇ、こんな撮り方があるんだ!」と、見ていて楽しくなる写真が集まりました。人とは違う写真を撮りたいと思っていても、個性を出すのは難しいもの。みなさんも素敵な視点を探してみてください。

兵庫県　国営明石海峡公園
JR舞子駅下車後、高速舞子バス停からバス

🌸 鳴門の渦潮のようなネモフィラ畑。吸い込まれていきそうです!

📷 kosa_photo　カメラを回転させてネモフィラに動きを与えてみました。

富山県　松川べり
JR富山駅から徒歩10分

🌸 まるで本物の満月のように美しい色と形。これなら毎日中秋の名月を楽しめますね。

📷 yone_75　満月に合う花は彼岸花。街灯の玉ボケが、まるで満月に見えるように表現しました。

岐阜県　國田家の芝桜
東海北陸自動車道郡上八幡ICから25km

🌸 芝と芝桜と光と影。地面の上にはたくさんの被写体が集まっているのですね。

📷 cosmos_skydog　ふと足元を見たら、大きな木の影に咲く芝桜の楽しそうな姿がありました。

愛知県　岡崎公園
名古屋鉄道東岡崎駅から徒歩15分

🌸 たおやかな房が魅力の藤。真下から見てみると輪状に見えて別の花のようで新鮮です。

📷 miku.photography　真下から見上げる藤の花は、まるで花火みたいで大好きなアングル。

三重県　アスピア玉城
伊勢自動車道玉城ICから約5分

🌸 レンズに反射した光を利用すれば、お花畑に虹が架かっているように見えます！

📷 sen_k_d13　目の前いっぱいの黄色い笑顔に大好きな夏の訪れを感じる地元の大切な景色です。

向日葵
（ひまわり）
sun flower

> 花ことば
> あなたを見つめる、愛慕

> 名前の由来
> 太陽の方向を向いて成長することから

　青空に入道雲、照りつける太陽、蝉の鳴き声、そして一面のヒマワリ。夏休みの思い出に欠かせない風景です。

　つぼみをつける頃までは、太陽の動きに合わせてくるくると回るヒマワリ。大きな太陽を追いかける姿は夢や希望を追いかける子供のようです。花開き大人になると、東を向いたままとなり、昇る太陽をじっと見つめるようになります。優しい顔の中にはハートがいっぱい、愛情あふれた笑顔です。

　こちらのヒマワリの顔も覗いてみてください。ハートの形をした雄しべがたくさん！見つけられますか？

　元気いっぱいに咲いていても一年草のヒマワリの花。最後は夕日に見送られながらゆっくりと花を終え、種をたくさん残します。

　ひと夏で人の生涯を物語るような、人情あふれるヒマワリに花まるを。

新潟県　山本山高原
関越自動車道小千谷ICから約20分

🌸 明るさと強さと威厳を感じるヒマワリの凛々しい表情。古代インカ帝国では太陽神の象徴として尊ばれていました。

📷 ken1k2　真夏の日射しを浴び元気に咲くヒマワリが大好きです。

兵庫県　ひまわりの丘公園

山陽自動車道三木小野ICから約10分
中国自動車道滝野社ICから約15分

🌸 青空とヒマワリを撮影するなら午前中がオススメです。東を向くヒマワリの顔を太陽が照らしてくれます。

📷 camel8326　夏の青空の下で輝くビタミンカラーのヒマワリ畑。一面に並ぶ姿は圧巻の光景です。

福島県　三ノ倉高原

JR喜多方駅からバス

🌸 ゲレンデの斜面で波打つように並ぶヒマワリ。はるか遠くまで見渡すと、皆いきいきとした顔をしています。

📷 hanachan1007　広大なヒマワリ畑。そのスケールの大きさにただただ圧倒されました。

北海道
北竜町ひまわりの里

JR滝川駅またはJR旭川駅からバス

🌸 30年以上前からひまわりまつりが開催され、昔から人々を楽しませてくれているヒマワリ畑。作付面積が日本一のヒマワリ畑です。

📷 ｋａｎｃｈａｎ０００　見渡す限りのヒマワリ畑は圧巻のひと言。世界のさまざまなヒマワリも見ることもできます♬

福岡県　柳川ひまわり園

西鉄柳川駅から臨時バスあり

🌸 絵日記に描いたような青い空と白い雲。夏空の下で仲良さそうに三兄弟が並んだ姿が微笑ましいですね。

📷 ｋｋａｚｕ４８４８　夏空の下にたくさんのヒマワリが咲き誇っていました。

宮崎県　西都原古墳群

東九州自動車道西都ICから約10分

🌸 上を向いたり下を向いたり少し微笑んでいるように見えたり。1枚の写真の中にいろんな顔のヒマワリがいます。

📷 ｓａｋｕｒａ．ｈｉｌｌ　目の前に広がるヒマワリ畑。そのままファインダーの中にいっぱいにしたいと思いました！

◀ **山梨県　明野ひまわり畑**

中央自動車道韮崎ICまたは須玉ICより約15分

🌸 一面のヒマワリ畑で楽しそうなお母さんと娘さん。楽しそうな夏の思い出が伝わってきます。

📷 kuni_hiro　見渡す限りのヒマワリと娘と嫁ちゃん、最高でした♪

▲ **福島県　郡山布引風の高原**

JR郡山駅から車で約90分

🌸 風の高原と呼ばれる布引高原。高さ100mの風車の姿はヒマワリの立ち姿を思わせます。

📷 sugisugi23　高原に咲くヒマワリと風車が素敵な組み合わせでした。

千葉県　佐倉ふるさと広場

京成佐倉駅からバス

🌸 ヒマワリと風車が絵になる素敵な夕暮れの風景。大人になり回らなくなったヒマワリたちに代わって、風車がくるくると回り続けます。

📷 o0hisashi0o　ヒマワリ畑に焼けた空が最高でした！

神奈川県　座間市ひまわり畑

JR相武台下駅から徒歩20分
（他にも会場あり）

🌻暑さも和らぐ夕暮れになると、静かで美しいヒマワリ畑が楽しめます。

📷ryovu　誰もいなくなったヒマワリ畑は夕日と共に黄金色に染まり感動的でした。

岡山県　備中国分寺

岡山自動車道岡山総社IC
山陽自動車道倉敷ICから約10分

🌻吉備路の風景を背に、満足そうなヒマワリ。楽しかったひと夏の思い出を振り返っているのでしょう。

📷cocoron.yuri　夕立ちの後、空もヒマワリも夕焼け色に色付いて最高に綺麗でした。

蕎麦
そば
buckwheat

花ことば
懐かしい思い出、喜びと悲しみ

名前の由来
蕎麦の実の形に3つの稜（そば角）があることから

食欲の秋、読書の秋、蕎麦の花も咲く秋です。蕎麦は寒冷地や痩せた土地でも育ち、種撒きから3か月足らずで収穫できます。古来より非常食としても重宝され、飢饉や戦時中の米不足から人々を救ってくれました。
素朴で優しい花を咲かせる蕎麦ですが、香りは独特です。初めは花と香りのギャップにビックリしますが、慣れてくると癖になります。蕎麦粉の香りとともに、蕎麦の花の香りもぜひ楽しんでください！
食欲の秋を満たしてくれる蕎麦の花に花まるを。

山形県　湯の台高原

JR新庄駅からバス

🌸 広大な大地に白い絨毯を敷き詰めたような圧巻の蕎麦畑が広がります。

📷 **kuuto1469**　朝日と蕎麦畑を見たくて現地に着いたら、あたり一面の蕎麦畑に雲海が広がり、幻想的な景色が広がりました。まさに大自然の素晴らしさを感じました。

福島県　たかつえそば畑

東北自動車道
西那須野塩原ICより約90分

🌸 真っ白な蕎麦に霧がかかると雪景色のようです。
📷 kotankotankotan182
雨上がりに霧が発生し、良いところに入ってきてとても幻想的でした。

京都府　美山かやぶきの里

JR日吉駅からバス

🌸 日本の原風景に素朴な蕎麦の花がよく似合います。
📷 takao_photography
白くて小さな蕎麦の花が一面に広がる景色は圧巻です。茅葺き屋根と稲木の演出がたまりません!

長野県　赤そばの里
中央自動車道伊那ICから約20分

🌸 ヒマラヤの標高3,800mから日本に持ち帰り、品種改良が重ねられ誕生した高嶺ルビー。

📷 kinokoyy_pink　白い蕎麦はよく見かけますがピンク色の花があると聞いて行ってみました。一面ピンクで感動しました。

長野県　赤そばの里
中央自動車道伊那ICから約20分

🌸 東京ドームほどの広さに、可憐な赤い蕎麦の花が咲き乱れます。

📷 ululun　高嶺ルビーという赤い蕎麦の花の咲く丘。広がるピンク色の絨毯はふかふかして気持ちよさそうでした。

彼岸花
red spider lily

花ことば
情熱、また会う日を楽しみに

名前の由来
秋のお彼岸の頃に咲くことから

　秋のお彼岸の季節になると、のどかな景色を真っ赤に染める彼岸花。
　別名「曼珠沙華」とも呼ばれ、古代インドの言葉で、おめでたいことが起こる兆しに天から降ってくる花を意味します。独特の花の形は朝露や雨粒が付きやすく、キラキラ反射する光景は神々しさを感じます。
　日本では悲しいイメージもある彼岸花ですが、西洋では園芸種として大人気。よく見ると絶妙にカールしたまつ毛のよう。
　ふさふさまつげがクルンとお茶目な彼岸花に花まるを。

埼玉県　巾着田

西武池袋線高麗駅から徒歩15分

🌸 彼岸花は1つの花から雄しべが6本、雌しべが1本出てきます。どちらもまつ毛のような形状ですが、先端に黄色い「やく」がついているのが雄しべ、ついていない1本が雌しべです。

kiccyomu　巾着田の林の中に咲く曼珠沙華。緑の中の赤い花が映えて綺麗でした。

岐阜県　津屋川堤防

養老鉄道美濃津屋駅から徒歩10分

🌸 真っ赤に染まる堤防と青空の色が静かな川面に綺麗に映り込んでいます。

📷 pcx758　津屋川に停泊していた投網漁の船を、此岸（現世）と彼岸（あの世）を分ける三途の川を渡す船のように表現してみました。

奈良県　葛城一言主神社

京名和自動車道御所ICから約15分

🌸 ご先祖様を思い出す季節に咲くからでしょうか？　真っ赤な彼岸花を見ると懐かしさを感じます。

📷 hanako1226　広い空の下、どこか懐かしくて優しい気持ちになれる風景が広がっていました。

熊本県　番所の棚田

九州自動車道菊水ICから約60分

🌸 球根に毒をもつ彼岸花はモグラやネズミを寄せ付けないように、田んぼの畦道やお墓の周りに植えられていたと言われています。

📷 saw.c　彼岸花の赤と棚田のコントラストがとても美しかったです。

京都府　亀岡市

亀岡市曽我部穴太

🌸 亀岡市内のあちらこちらで咲く彼岸花。中でも穴太寺付近の景観は見事です。

📷 takao_photography　のどかな田園風景に鮮やかなラインを描いています！　稲わら干しが脇を固めるレッドカーペットを格好良く歩いてみてくださいね！

▶ 岐阜県　やすらぎの林

JR岐阜駅・名鉄岐阜駅からバス

🌸 水滴たっぷりの彼岸花を見つけたらその花を背景に撮ってみてください。ピントを合わせた彼岸花がキラキラと神々しく輝きます。

📷 stickybug511　雨上がりの朝。朝日の逆光。花撮りには最高のコンディションでした。

◀ 埼玉県　権現堂桜堤

東武鉄道幸手駅からバス

🌸 彼岸花は芽を出すと1日に10㎝ほど茎が伸び、1週間ほどで花を咲かせます。数日花を咲かせると1週間ほどで枯れてしまいます。

📷 akari_shine_　花期わずか1週間と言われる花が、見事なまでに咲き揃い、主張する赤に圧倒されました。

▶ 愛知県　矢勝川

名鉄半田口駅から徒歩20分

🌸 ごんぎつねの舞台となった矢勝川。童話の中の世界をつくろうと地域の方により植えられたのが始まりです。今でもこつこつと美しい景観が守られています。

📷 miyagram421　毎年この景色を見るたびに夏の終わりを感じます。

◀ 愛知県　名古屋市

🌸 輝く雨粒が綺麗に降り注ぎ、夜の彼岸花がこんなにも夢のよう。

📷 ss_yamazaki　前々から彼岸花を夜に撮りたいと思っていました。そして、雨の日に面白いものが撮れるんじゃないかと近くの公園に。

秋桜
こすもす
cosmos

🏷 花ことば
乙女の真心、調和

🏷 名前の由来
美しさや宇宙を意味するギリシャ語「kosmos」から

　肌寒さを感じるようになる頃、秋の風に身を任せ、ゆらゆらと揺られ儚げに咲く秋桜。
　ピンク色の花が可憐に咲き乱れる秋桜畑はロマンチックで、女性に大人気。そしてのどかな景色にも似合う素朴さもあります。
　秋桜が咲くまでの季節は台風も多く、風で倒れてしまう姿をよく見かけます。見た目は繊細ですが、倒れても土に接した茎から根を出して、また空に向かって真っすぐ伸びていきます。花の少ない冬になる前に、最後に私たちを楽しませようと懸命に咲こうとしてくれているのです。
　芯の強さをもつ可憐でひたむきな秋桜に花まるを。

三重県　伊勢市

🌸 倒れても笑っているかのように明るい表情の秋桜。細く美しく延びる茎から芯の強さを感じます。

📷 @cosmos_skydog　暴風雨に襲われた後の秋桜は、儚さと強さを兼ね備えた可憐な姿に変わっていました。

京都府　夢コスモス園

JR亀岡駅からバス

🌸 爽やかな秋空に飛行機雲。気持ち良さそうに空を眺める秋桜に癒されます。

📷 daichi_xa1　秋晴れの空に映える色とりどりの秋桜。ずっと眺めていられる素敵な景色でした。

滋賀県　野田町コスモス畑

JR近江八幡駅から徒歩25分

🌸 雨降りの後は青空も秋桜も楽しさ2倍！　地面の中にまで青空が広がり秋桜たちが咲き乱れます。

📷 teru.ri　連日の雨があがり、嬉しくて秋桜畑にいったときの景色です。雨が降らないと見られないステキな景色があることを、写真を通して知りました。

熊本県　阿蘇郡小国町
キバナコスモスも混じりあった弾ける色合いに元気が出ます。
taka23　たまたま目に入った、名もなき道端の光景に一目惚れしました。

◀ 兵庫県　武庫川コスモス園

JR立花駅・阪急武庫之荘駅・
阪神尼崎駅からバス

🌸 不法投棄を防ぐために地域の方々によって秋桜が植えられました。今ではたくさんの笑顔が集まる場所になりました。

📷 amamyee　お花の妖精が秋桜に向かって舞い上がるようなイメージで撮影しました。

▶ 三重県　東員町コスモス畑

三岐鉄道東員駅周辺

🌸 一番人気の品種、センセーション。一面の秋桜は乙女心をくすぐります。

📷 happykeephappy　朝日に照らされた秋桜が可愛いすぎてただただ夢中でカメラ女子していました。

◀ 富山県　夢の平スキー場

北陸自動車道砺波ICから約20分

🌸 フィルムテイストの色合いは秋桜をより儚げに表現してくれます。

📷 suuu_photo　爽やかな青空とたくさんの秋桜にうっとりしました。

▶ 宮崎県　生駒高原

宮崎自動車道小林ICから5分

🌸 真っ赤な夕焼けを背景に揺れる秋桜。ドラマチックな秋の光景です。

📷 mutsumi_._yy　夕暮れ時、霧島連山を背に高原一面に咲く何種類もの秋桜はとても美しかったです。

◀ 福井県　宮ノ下コスモス広苑

JR・えちぜん鉄道・福井鉄道福井駅からバス

🌸 地元農家の方が咲かせ始めた秋桜。地域を盛り上げようと育てられ今ではたくさんの方が訪れる賑やかなお花畑になりました。

📷 may1228maho　1億本の秋桜畑は夕日を浴びてキラキラと輝いていました。

鹿児島県　上場高原コスモス園

JR出水駅からシャトルバスあり
（運行日限定）

🌸 朝霧の中で輝く秋桜。どこか懐かしさを感じる景色に秋桜はよく似合います。

📷 naooo.w_1226b　朝霧の中から現れる秋桜は輝きを放っていました。

新潟県　山古志棚田

関越自動車道
小千谷ICから約30分

🌸 秋桜が揺れ朝霧がかかる棚田。季節はまた秋から冬へゆっくりと移ろうとしています。

📷 sbr_7127　秋桜の奥は山古志の棚池と雲海。早起きは三文の徳！　そんな早朝の絶景でした。

奈良県　藤原宮跡
JR畝傍駅または近鉄耳成駅・
近鉄畝傍御陵前駅から徒歩30分
🌸また来年会いましょう！と輝かしく手を振っているような秋桜たち
📷vanilla_green　朝露でキラキラ輝く秋桜畑が宝石箱のようで見惚れました

水仙
narcissus

> **花ことば**
>
> 神秘、自己愛

> **名前の由来**
>
> 「仙人は、天にあるを天仙、地にあるを地仙、水にあるを水仙」という中国の古典から

無彩色の冬の美しさに染まるように、真っ白な花を咲かせる水仙。
冷たさに耐えて凛と咲く姿も、水際の光をうっとりと見つめる姿も、気高く美しいです。
潮風にあたりながら海を渡って日本にやってきたからでしょうか？
水仙の甘くさわやかな香りはどこか神秘的で身を清められた気分になります。
潮の香りや波の音、水際の光、まわりの景色とともに美しさを感じる水仙畑はとても素晴らしい冬の風物詩。
花々が少ない季節だからこそ、花が咲いていることの有難さも伝わってきます。
また来る春を待ちながら、私たちに花風景の尊さを教えてくれる水仙に花まるを。

兵庫県　灘黒岩水仙郷
JR三ノ宮駅・JR舞子駅から福良行のバス
福良からシャトルバス

🌸 地中海からシルクロードを通り、海を渡って日本にやってきたと言われる水仙。海辺で咲く姿に水玉模様のキラキラが良く似合います。

📷 cocoron.yuri　海を照らす朝の太陽の光がキラキラと輝いて、宝石みたいでした。

静岡県　爪木崎公園

伊豆急下田駅からバス

🌸 朝の光が水仙を照らす清々しい光景。冬でも暖かな南伊豆の水仙からは、南国の香りも漂ってきそうです。

📷 kytnc1397706　早春に訪れた南伊豆で、優しい花の香りに包まれたさわやかな朝を迎えました。

▲ 長崎県
野母崎水仙の里

JR長崎駅からバス

🌸水仙の産地である野母崎地区では、戦前から出荷するための水仙が植えられていたそうです。

📷 _kana_m_i_ 花の少ない時期に清々しい香りを運んできます。世界産業遺産の軍艦島も望めます。

◀ 福井県　越前海岸

北陸自動車道
鯖江ICから約60分
敦賀ICから約80分

🌸県花にも指定されている福井県の冬の風物詩です。

📷 oooo_yuki 断崖絶壁にしがみつく小さな花々の、あふれる生命力を感じました。

千葉県　佐久間ダム湖

JR内房線保田駅
または勝山駅からバス

🌸 寒い冬だからこそ、西日で輝く姿によりいっそう暖かさと尊さを感じます。

📷 kiccyomu　水仙と夕日に照らされた水面がキラキラして綺麗でした(^-^)

Part 2

日本の美しい花風景

もっと見たい「#はなまっぷ」

日本にはまだまだたくさん素敵な花風景があります。Part 1ではご紹介しきれなかった花の他、花と風景の素敵なコラボなどをお楽しみください。

その他の花畑

　近所では見ることのできない花風景を求めて、はるばる出かけた先で出会う景色は感動です。しかしそんな頻繁に見に行けるものでもありません。日本中の花好きな方が集う「#はなまっぷ」では、その地域ならではの花風景や珍しい花風景も気軽に眺めて楽しむことができます。

山形県　山形紅花まつり

JR高瀬駅からシャトルバス（運行日限定）
🌸 江戸時代には日本一の産地で染料としてさかんに紅花が生産されていました。山形の県花です。
📷 kuuto1469　山形に住んでいながら初めて紅花が咲き誇る地、高瀬地区に行きました。とても暑い夏の日で汗をかきながら紅花と娘を一緒に撮影しました。鮮やかな紅花の色がとても素敵でした。

石川県　河北潟ひまわり村

北陸自動車道東金沢ICから約15分
🌸 珍しいクリムゾンクローバー（別名「ストロベリーキャンドル」）のお花畑。この後、植えられるヒマワリの緑肥になります。
📷 norinorijapan　一面に広がるお花の色と夕焼けの色がマッチして、温かい気持ちに包まれた瞬間でした。

京都府　久多の里

京都府京都市左京区久多宮の町195

🌸 真夏ののどがな山里で、上品な紫色の北山友禅菊が咲き乱れます。

📷 hiromitravel　風雨の後で倒れたりしながらも健気に咲いていました。

▲ 北海道　美瑛町

🌸 花言葉は「いつも幸せ」「想像力」。心が明るくなる魔法のステッキのようにカラフルなルピナスが北の大地で咲き乱れます。

📷 ken.f430　美しい美瑛の丘に咲くルピナスの花畑。色とりどりの花たちのハーモニーが綺麗でした。

▶ 北海道　四季彩の丘

JR美馬牛駅から徒歩25分

🌸 金魚草が咲き並びカラフルに彩られた丘。花畑に映る雲の影に景色の雄大さを感じます。

📷 mika05011972　目の前に広がる虹色のお花畑に感動！　美瑛の人気スポットだけに多くの観光客が楽しんでいました。

▲ 奈良県　本薬師寺跡

近鉄畝傍御陵前駅から
徒歩7分

🌸 犬が散歩したり、水辺で鳥がくつろいだり。いろんな生き物が毎年楽しみに集まる夏の涼しげな花畑です。

📷 tmka0324　近隣の小学生たちが毎年休耕田にホテイアオイを植えてくれ、晩夏の風物詩になっています。

◀ 滋賀県

醒井地蔵川

JR醒ケ井駅から徒歩5分

🌸 清流の中でしか育たない梅花藻。日本でも見れる場所が限られている水中の可憐な花風景です。

📷 m_a_y_u_m_i_　透き通った川の中で小さくて可愛い花がゆらゆらと涼しげでした。

◀ **広島県　因島の除虫菊**

重井西港から徒歩15分

🌸 真っ白な除虫菊が港町を見守っています。風情のある景色が素敵です。

📷 taketime44　昨年タイミングを逃してしまって、1年間待ちに待ちわびて、やっと念願の除虫菊が満開の景色を目の当たりにすることができました。

▼ **埼玉県**

宝登山ロウバイ園

JR長瀞駅からシャトルバスでロープウェイ山麓駅

🌸 青空と蝋梅（ろうばい）と雪景色。一度は見てみたい真冬の花風景ですね。

📷 sken02　快晴の青空から降りそそぐ陽の光が雪に反射し蝋梅を鮮やかに輝かせていました。

電車と花

　花畑の中を楽しそうに走る電車。そのコラボを撮ろうとするとシャッターチャンスはほんの一瞬。電車が来るのを待つ間のドキドキ感がたまりません。電車に乗って車窓から花畑を楽しむのもおすすめです。

東京都　都電荒川線

🌸 レトロな車両と優雅なバラのコラボが魅力的！「三ノ輪橋停留場」「荒川二丁目停留場」「あらかわ遊園入口」「町屋駅前」「荒川遊園地前付近」「荒川車庫前停留場」など、沿線にはバラの見どころがたくさんあります。

📷 n＿＿aru3　レトロな路面電車が通り過ぎると、辺りにはほのかなバラの香りがひろがりました。

栃木県　益子町

🌸 小貝川親水公園付近の河川敷に、彼岸花越しに真岡鐵道が見える場所があるそう。SLと彼岸花のコラボが新鮮です。

📷 tamu3773　また来年も来たいと思える景色がここにはありました(*´ ｀*)。

東京都　京王井の頭線

斜面の倒壊防止に植えられた26,000株の紫陽花が線路わきで咲き乱れます。見どころは「東松原駅〜明大前駅」「西永福駅〜高井戸駅」「久我山駅〜三鷹台駅」など。

📷 mika05011972　夕暮れの井の頭線。紫陽花も電車もキラキラしていました。

神奈川　江ノ電

🌸 紫陽花が咲き乱れる鎌倉では江ノ電と紫陽花のコラボが楽しめるポイントもたくさん。和田塚駅付近で撮影されました。

📷 jin2_mode　ひっそりと咲く綺麗な紫陽花にピントを合わせて待っていたところに、江ノ電が来たトキメキの瞬間です。

青森県　芦野公園

津軽鉄道芦野公園駅からすぐ

🌸桜の木の下を電車が走る光景に、物語を感じます。
📷 lcookieove　忘れられないときめき！　満開の桜の中をメロスが走ってきました。

千葉県　いすみ鉄道

🌸東総元駅を始め、沿線には菜の花と桜の撮影スポットであふれています！
📷 o0hisashi0o　春っぽさが最高でした。

兵庫県　入野コスモス畑

JR相生駅からバス

🌸沿線約2kmにわたり咲くたくさんのコスモス畑。電車に乗って眺めてみるのも楽しそうです。
📷 funwari.m.k　電車が走るそばにコスモス畑があることを知り、この街に遊びに行った時に電車とコスモスを撮ろうと早朝から行きました。

千葉県　石神の菜の花畑

小湊鉄道養老渓谷駅から徒歩約15分

🌸 菜の花とのコラボで有名な小湊鉄道。青空と菜の花のコントラストも最高です。

📷 toki_pepepe　一面の菜の花畑の中、列車もゆっくり走っていました。

岐阜県　大垣ひまわり畑

JR大垣駅からバス、下車後徒歩約8分

🌸 一瞬で目の前を通り過ぎていく新幹線。さらにドクターイエローとのコラボは、ドキドキ感もMAXです！

📷 jiananana　いきいきと咲くヒマワリに颯爽と走るドクターイエロー。黄色い競演に元気をもらえました。

蜂と花

　花は昆虫に花粉を運んでもらって種子を作り生き続けています。昆虫は花の蜜や花粉を栄養源に生きています。そして私たちもそれらのおかげで作物を得ることができ、花を楽しむことができるのです。花が昆虫を引き付ける姿、昆虫が花に引き付けられる姿も美しい花風景です。

鹿児島県　池田湖畔
指宿スカイライン大迫出入口から約5分
🌸 開聞岳が見守る菜の花畑でミツバチが仲良くひと仕事。微笑ましい光景に小さな幸せを感じます。
📷 nao_k__　年明けの池田湖は既に春の陽気。菜の花と陽気に誘われてミツバチも嬉しそうでした。

愛知県　愛・地球博記念公園
東部丘陵線(リニモ)
愛・地球博記念公園駅下車すぐ
🌸 ラベンダーの香りに癒されながらも私たちを楽しませてくれるミツバチ。息の合った2匹の演技が見事です。
📷 atarimedagane　ふわふわ飛んでいたミツバチ。羽根を休め仲良くハニーブレイク♪ シンクロした姿が愛らしい。

愛知県　へきなんたんトピア
名鉄碧南中央駅からバス
🌸 青い空とお花畑。こんな日はクマバチも仕事を忘れてひとっ飛び。
📷 9u_y.k　クマバチ目線でネモフィラ畑を見るとこんな感じなのかな?

兵庫県　ひまわりの丘公園
山陽自動車道三木小野ICから約10分
中国自動車道滝野社ICから約15分
🌸 ヒマワリが満開で忙しかったのでしょうか、遅くまで残業中のミツバチ。夕焼けを背に哀愁漂う姿も素敵です。
📷 takupocho　夕暮れ時の最後のひと仕事に向かっているように見えました(*^▽^*)

富士山と花

　堂々とそびえる富士山を眺めながら楽しめる花風景があります。刻一刻と姿を変える富士山。花が咲く季節は雲に隠れてしまうこともしばしば。満開の花々と、綺麗に顔を出した富士山の共演は貴重な瞬間です。
　美しい日本画のように四季折々に彩られた富士山をお楽しみください。

神奈川県　西平畑公園
JR御殿場線松田駅から徒歩20分
小田急線新松田駅から徒歩25分
🌸 ボリュームたっぷりの河津桜と富士山の共演を見るならここ。色鮮やかな景色を撮るなら順光の午前中がおすすめです。
📷 amai_mizu_　華やかな桜に囲まれた富士山の光景は壮観でした。

山梨県　新倉山浅間公園
富士急行下吉田駅から徒歩10分
🌸 富士山と桜の大人気スポット。個性ある構図でたくさんの桜に囲まれた富士山が素敵です。
📷 capkaieda　桜が富士山を引き立てて富士山が桜を引き立てる。美味しい風景、ごちそうさまでした！

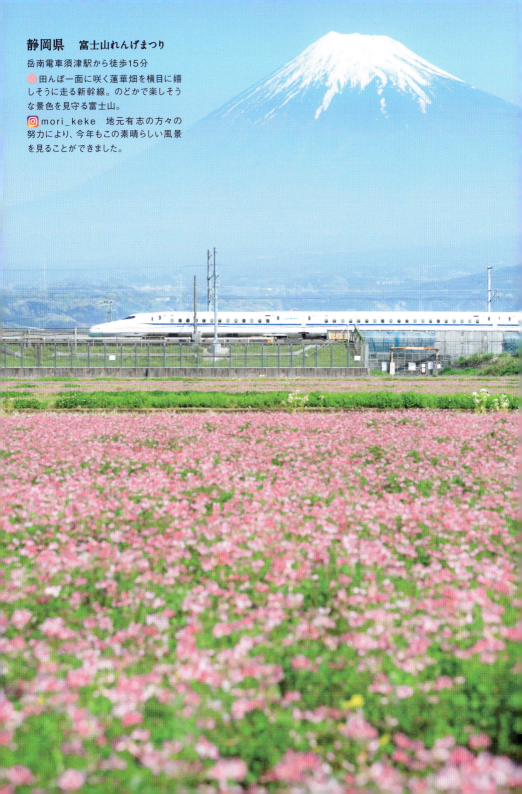

静岡県　富士山れんげまつり

岳南電車須津駅から徒歩15分

🌸 田んぼ一面に咲く蓮華畑を横目に嬉しそうに走る新幹線。のどかで楽しそうな景色を見守る富士山。

📷 mori_keke　地元有志の方々の努力により、今年もこの素晴らしい風景を見ることができました。

◀ 静岡県　富士市中央公園

JR富士駅・新富士駅からバス

🌸 バラのアーチを覗き込んで「ハイ、チーズ！」。富士山が記念撮影をしているようですね。

📷 fugaku_hengen　富士山がバラに囲まれて、喜んでいるように見えました。

▶ 静岡県　上杉花園

富士宮市杉田781番地の1

🌸 55年前、花好きな奥様がお嫁にいらした頃から自宅の庭に植え始めたというツツジ。まるで奥様の嫁入り道具の着物を富士山が羽織っているかのように、鮮やかで美しい景色となりました。

📷 t_horiphoto　青空と富士山バックに新芽の茶畑と色鮮やかなツツジに心が踊りました。

◀ 山梨県　花の都公園

富士急行富士山駅
またはJR御殿場駅からバス

🌸 夏の始まりから秋まで長い間楽しめる百日草。カラフルなお花畑が富士山の麓に広がります。

📷 sorairo_315　青空の下で色とりどりの百日草と富士山は、清々しい気持ちにもなれ綺麗でしたね。

神奈川県　吾妻山公園

JR二宮駅から徒歩5分、
頂上まではさらに徒歩20分

🌸 新春の富士山と菜の花畑が楽しめます。JR二宮駅では期間限定で「朧月夜」の発車メロディーが流れます。

📷 hmp.420　寒咲きの菜の花が咲き、真冬に春の気分を感じることができました。みなさんにも写真を通じて小さな幸せを感じていただければ嬉しいです。

Part 3

日本の美しい花風景

はなまっぷの必需品

本書でご紹介させていただいた花風景の場所を、地方ごとにマッピングした「地方別はなまっぷ」と、見頃の月ごとに整理して、写真ではご紹介しきれなかった場所まで書き留めた「はなまっぷカレンダー」を、凝縮してぎゅぎゅっと巻末にまとめました。

はなまっぷ北海道東北

1	北海道	ゆりの郷こしみずリリーパーク（ユリ）	P108
2	北海道	四季彩の丘（金魚草）	P147
3	北海道	美瑛町（ルピナス）	P146
4	北海道	日の出公園（ラベンダー）	P105
5	北海道	ファーム富田（ラベンダー）	P102-103
6	北海道	北竜町ひまわりの里（向日葵）	P115
7	北海道	浦臼神社（カタクリ）	P23
8	北海道	平岡公園（梅）	P16
9	北海道	国営滝野すずらん丘陵公園（レンゲショウマ）	P101
10	青森県	横浜町の菜の花（菜の花）	P8
11	青森県	芦野公園（電車と桜）	P152
12	秋田県	雲昌寺（紫陽花）	P87
13	秋田県	千秋公園（ツツジ）	P62
14	秋田県	かたくり群生の郷（カタクリ）	P23
15	秋田県	美郷町ラベンダー園（ラベンダー）	P104
16	秋田県	鳥海高原（菜の花）	P13
17	岩手県	みちのくあじさい園（紫陽花）	P89
18	宮城県	徳仙丈山（ツツジ）	P65
19	宮城県	伊豆沼・内沼（蓮）	P96
20	宮城県	南くりこま高原一迫ゆり園（ユリ）	P108
21	宮城県	大崎市三本木ひまわりの丘（菜の花）	P8
22	宮城県	船岡城址公園（桜）	P31
23	宮城県	かくだ菜の花まつり（菜の花）	P6-7
24	山形県	大山上池（蓮）	P96
25	山形県	湯の台高原（ソバ）	P120-121
26	山形県	山形べに花まつり（べに花）	P144
27	福島県	花見山公園（雅桜）	P36
28	福島県	三ノ倉高原（ヒマワリ）	P114
29	福島県	裏磐梯・桜峠（桜）	P33
30	福島県	郡山布引風の高原（ヒマワリ）	P17
31	福島県	たかつえそば畑（ソバ）	P122

はなまっぷ北陸甲信越

1	新潟県	胎内チューリップフェスティバル（チューリップ） P41		15	山梨県	明野ひまわり畑（ヒマワリ） P116
2	新潟県	福島潟（菜の花） P11		16	山梨県	ハイジの村（馬酔木） P77
3	新潟県	五泉市チューリップまつり（チューリップ） P40		17	山梨県	新倉山浅間公園（富士山と桜） P156
4	新潟県	大王あじさい園（紫陽花） P89		18	山梨県	花の都公園（富士山と百日草） P158
5	新潟県	山古志棚田（コスモス） P136		19	富山県	にゅうぜんフラワーロード（チューリップ） P40
6	新潟県	山本山高原（ヒマワリ） P112-113		20	富山県	松川べり（彼岸花） P111
7	新潟県	月岡公園（ユリ） P109		21	富山県	夢の平スキー場（コスモス） P134
8	長野県	菜の花公園（菜の花） P10		22	石川県	河北潟ひまわり村（クリムソンクローバー） P144
9	長野県	千曲川桜堤（桜） P35		23	福井県	三国ラベンダファーム（ラベンダー） P104
10	長野県	白馬村（カタクリ） P22		24	福井県	ゆりの里公園（ユリ） P109
11	長野県	安曇野（菜の花） P12		25	福井県	宮ノ下コスモス広苑（コスモス） P134
12	長野県	赤そばの里（ソバ） P123		26	福井県	越前海岸（水仙） P141
13	長野県	九十九谷森林公園（クリンソウ） P74		27	福井県	花はす公園（蓮） P92-93
14	長野県	花桃の里（花桃） P26				

はなまっぷ関東

1	群馬県	赤城自然園（レンゲショウマ）	P101
2	群馬県	八王子山公園（太田市北部運動公園）（芝桜）	P44
3	群馬県	館林つつじが岡第二公園（館林菖蒲園）（杜若／菖蒲／花菖蒲）	P80
4	栃木県	千手が浜（クリンソウ）	P72-73、P75
5	栃木県	市貝町しばざくら公園（芝桜）	P45
6	栃木県	井頭公園（ヒスイカズラ）	P76
7	栃木県	益子町（電車と彼岸花）	P150
8	栃木県	みかも山公園（カタクリ）	P20-21
9	茨城県	笠間つつじ公園（ツツジ）	P62
10	茨城県	小貝川ふれあい公園（ポピー）	P70
11	千葉県	水郷佐原水生植物園（杜若／菖蒲／花菖蒲）	P78-79
12	千葉県	ふなばしアンデルセン公園（チューリップ）	P38-39
13	千葉県	佐倉ふるさと広場（ヒマワリ）	P118
14	千葉県	千葉公園（蓮）	P97
15	千葉県	石神の菜の花畑（電車と菜の花）	P153
16	千葉県	いすみ鉄道（電車と桜と菜の花）	P152
17	千葉県	佐久間ダム湖（水仙）	P142
18	埼玉県	牛島藤花園（藤）	P59
19	埼玉県	権現堂桜堤（彼岸花）	P128
20	埼玉県	古代蓮の里（蓮）	P94
21	埼玉県	こうのす花まつり（ポピー）	P68-69／P71
22	埼玉県	国営武蔵丘陵森林公園（ネモフィラ）	P51
23	埼玉県	北浅羽堤（安行寒桜）	P37
24	埼玉県	越生梅林（梅）	P16
25	埼玉県	天空のポピー（ポピー）	P71
26	埼玉県	美の山公園（紫陽花）	P86
27	埼玉県	宝登山ロウバイ園（蝋梅）	P149
28	埼玉県	羊山公園（芝桜）	P44
29	埼玉県	巾着田（彼岸花）	P124-125
30	埼玉県	ところざわのゆり園（ユリ）	P108
31	東京都	御岳山（レンゲショウマ）	P100
32	東京都	南沢あじさい山（紫陽花）	P89
33	東京都	殿ヶ谷戸庭園（レンゲショウマ）	P101
34	東京都	京王井の頭線（電車と紫陽花）	P151
35	東京都	都電荒川線（電車とバラ）	P150
36	東京都	向島百花園（紅虎杖）	P77
37	東京都	小岩菖蒲園（杜若／菖蒲／花菖蒲）	P83
38	神奈川県	里山ガーデンフェスタ（ネモフィラ）	P50
39	神奈川県	相模原公園（杜若／菖蒲／花菖蒲）	P82
40	神奈川県	座間市ひまわり畑（ヒマワリ）	P119
41	神奈川県	江ノ電（電車と紫陽花）	P151
42	神奈川県	横須賀しょうぶ園（杜若／菖蒲／花菖蒲）	P82
43	神奈川県	くりはま花の国（ネモフィラ）	P50
44	神奈川県	吾妻山公園（富士山と菜の花）	P160
45	神奈川県	西平畑公園（富士山と河津桜）	P156

はなまっぷ東海

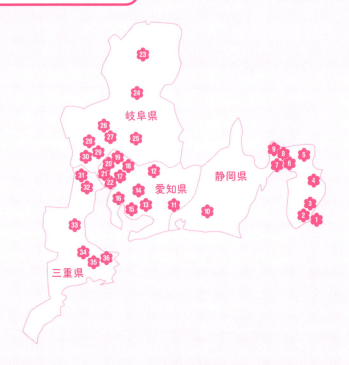

1 静岡県	爪木崎公園（水仙）............ P140	19 愛知県	五条川桜並木（桜）............ P30
2 静岡県	下田公園（紫陽花）............ P84-85	20 愛知県	曼陀羅寺公園（藤）............ P59
3 静岡県	河津町（桜）.................... P34	21 愛知県	天王川公園（藤）............... P57
4 静岡県	糸川遊歩道（あたみ桜）........ P36	22 愛知県	森川花はす田（蓮）............ P95
5 静岡県	秩父宮記念公園（カタクリ）..... P22	23 岐阜県	花の森四十八滝山野草花園
	（レンゲショウマ）......... P98-99		（クリンソウ）................ P74
6 静岡県	富士山れんげまつり	24 岐阜県	國田家の芝桜（芝桜）
	（富士山と蓮華）............... P157		.... P42-43、P111
7 静岡県	富士市中央公園（富士山とバラ）... P158	25 岐阜県	花フェスタ記念公園（ネモフィラ）... P46-47
8 静岡県	上杉花園（富士山とツツジ）..... P159	26 岐阜県	谷汲ゆり園（ユリ）............ P106-107
9 静岡県	富士花鳥園（クリンソウ）....... P74	27 岐阜県	やすらぎの林（彼岸花）....... P129
10 静岡県	熊野の長藤（藤）............... P58	28 岐阜県	大垣ひまわり畑（電車とヒマワリ）... P153
11 愛知県	賀茂しょうぶ園	29 岐阜県	竹鼻別院（藤）................ P55
	（杜若／菖蒲／花菖蒲）........ P82	30 岐阜県	津屋川堤防（彼岸花）.......... P126
12 愛知県	上中のしだれ桃（花桃）........ P26	31 三重県	いなべ市農業公園（梅）....... P17
13 愛知県	形原温泉あじさいの里（紫陽花）... P86	32 三重県	東員町コスモス畑（コスモス）... P135
14 愛知県	岡崎公園（藤）.................. P111	33 三重県	かざはやの里（紫陽花）....... P90
15 愛知県	へきなんたんトピア（蜂とネモフィラ）... P155	34 三重県	アスピア玉城（ヒマワリ）....... P111
16 愛知県	矢勝川（彼岸花）............... P129	35 三重県	伊勢市横輪町（横輪桜）....... P37
17 愛知県	名古屋市農業センター	36 三重県	二見しょうぶロマンの森
	delaふぁーむ（梅）........... P19		（杜若／菖蒲／花菖蒲）....... P81
18 愛知県	愛・地球博記念公園（蜂とラベンダー）.. P154		

はなまっぷ関西

1	滋賀県	海津大崎（桜）............................	P28-29
2	滋賀県	醒井地蔵川（梅花藻）....................	P148
3	滋賀県	野田町コスモス畑（コスモス）........	P132
4	滋賀県	守山第一なぎさ公園（菜の花）........	P11
5	京都府	美山かやぶきの里（ソバ）..............	P122
6	京都府	久多の里（北山友禅菊）................	P145
7	京都府	るり渓高原（ツツジ）....................	P67
8	京都府	亀岡市（彼岸花）.........................	P127
9	京都府	夢コスモス園（コスモス）..............	P132
10	京都府	鳥羽水環境保全センター（藤）......	P55
11	奈良県	月ヶ瀬梅渓（梅）........................	P14-15
12	奈良県	藤原宮跡（蓮）...........................	P95
		（コスモス）.......................	P137
13	奈良県	本薬師寺跡（ホテイアオイ）........	P148
14	奈良県	葛城山（ツツジ）........................	P64
15	奈良県	葛城一言主神社（彼岸花）............	P127
16	和歌山県	花園あじさい園（紫陽花）...........	P89
17	大阪府	和泉リサイクル環境公園（梅）........	P17
18	大阪府	道の駅 しらとりの郷・羽曳野	
		（紫陽花）.................................	P91
19	大阪府	花博記念公園鶴見緑地	
		（ネモフィラ）............................	P48、P51
20	兵庫県	武庫川コスモス園（コスモス）........	P134
21	兵庫県	多聞寺（杜若／菖蒲／花菖蒲）........	P80
22	兵庫県	ひまわりの丘公園（ヒマワリ）........	P114
		（蜂とヒマワリ）......	P154
23	兵庫県	綾部山梅林（梅）........................	P18
24	兵庫県	入野コスモス畑（電車とコスモス）...	P152
25	兵庫県	ちくさ高原（クリンソウ）..............	P75
26	兵庫県	国営明石海峡公園（ネモフィラ）....	P110
27	兵庫県	あわじ花さじき（菜の花）.............	P9
28	兵庫県	灘黒岩水仙郷（水仙）...................	P138-139

はなまっぷ中国四国

1	鳥取県／島根県	船通山（カタクリ）	P22
2	島根県	関の五本松公園（ツツジ）	P67
3	岡山県	奈義町菜の花まつり（菜の花）	P12
4	岡山県	藤公園（藤）	P52-53
5	岡山県	備中国分寺（ヒマワリ）	P119
6	岡山県	笠岡ベイファーム（ポピー）	P71
7	広島県	因島の除虫菊（除虫菊）	P149
8	山口県	一貫野の藤（藤）	P56
9	香川県	紫雲出山（桜）	P33
10	徳島県	あすたむらんど徳島（ネモフィラ）	P48
11	徳島県	大川原高原（紫陽花）	P86
12	高知県	西川花公園（花桃）	P24-25
13	高知県	上久喜の花桃（花桃）	P27
14	高知県	蓮池公園（蓮）	P97
15	愛媛県	禎瑞の芝桜（芝桜）	P44
16	愛媛県	あやめの里（杜若／菖蒲／花菖蒲）	P81

はなまっぷ九州沖縄

1	福岡県	吉祥寺公園（藤）	P55
2	福岡県	国営海の中道海浜公園（ネモフィラ）	P50
3	福岡県	柳川ひまわり園（ヒマワリ）	P115
4	佐賀県	伊万里梅園（梅）	P16
5	長崎県	長串山公園（ツツジ）	P63
6	長崎県	野母崎水仙の里（水仙）	P141
7	長崎県	雲仙仁田峠（ツツジ）	P66
8	大分県	千財農園（藤）	P54
9	大分県	青の洞門（ネモフィラ）	P49
10	大分県	神楽女湖（杜若／菖蒲／花菖蒲）	P83
11	大分県	平治岳（ツツジ）	P67
12	熊本県	番所の棚田（彼岸花）	P127
13	熊本県	昭和園（ツツジ）	P60-61
14	宮崎県	西都原古墳群（ヒマワリ）	P115
15	宮崎県	天神山つつじ公園（ツツジ）	P62
16	宮崎県	生駒高原（コスモス）	P135
17	鹿児島県	上場高原コスモス園（コスモス）	P136
18	鹿児島県	池田湖畔（蜂と菜の花）	P154
19	沖縄県	よへなあじさい園（紫陽花）	P88

はなまっぷカレンダー 1-5月

月	見頃の場所	
1月	埼玉県　宝登山ロウバイ園（蝋梅）P149 千葉県　ふなばしアンデルセン公園（チューリップ）P38-39 千葉県　佐久間ダム湖（水仙）P142 神奈川県　吾妻山公園（富士山と菜の花）P160 静岡県　爪木崎公園（水仙）P140	滋賀県　守山第一なぎさ公園（菜の花）P11 兵庫県　あわじ花さじき（菜の花）P9 兵庫県　灘黒岩水仙郷（水仙）P138-139 長崎県　野母崎水仙の里（水仙）P141 鹿児島県　池田湖畔（蜂と菜の花）P154
2月	埼玉県　越生梅林（梅）P16 神奈川県　西平畑公園（富士山と河津桜）P156 静岡県　河津町（桜）P34	愛知県　名古屋市農業センターdelaふぁーむ（梅）P19 兵庫県　綾部山梅林（梅）P18 佐賀県　伊万里梅園（梅）P16
3月	栃木県　みかも山公園（カタクリ）P20-21 千葉県　いすみ鉄道（電車と桜と菜の花）P152 千葉県　石神の菜の花畑（電車と菜の花）P153 三重県　いなべ市農業公園（梅）P17	大阪府　和泉リサイクル環境公園（梅）P17 奈良県　月ヶ瀬梅渓（梅）P14-15 高知県　上久喜の花桃（花桃）P27 高知県　西川花公園（花桃）P24-25
4月	北海道　浦臼神社（カタクリ）P23 青森県　芦野公園（電車と桜）P152 宮城県　かくだ菜の花まつり（菜の花）P6-7 宮城県　船岡城址公園（桜）P31 宮城県　大崎市三本木ひまわりの丘（菜の花）P8 秋田県　かたくり群生の郷（カタクリ）P23 福島県　裏磐梯・桜峠（桜）P33 茨城県　笠間つつじ公園（ツツジ）P62 栃木県　市貝町しばざくら公園（芝桜）P45 群馬県　八王子山公園（太田市北部運動公園）（芝桜）P44 埼玉県　牛島藤花園（藤）P59 埼玉県　国営武蔵丘陵森林公園（ネモフィラ）P51 埼玉県　羊山公園（芝桜）P44 神奈川県　くりはま花の国（ネモフィラ）P50 神奈川県　里山ガーデンフェスタ（ネモフィラ）P50 新潟県　五泉市チューリップまつり（チューリップ）P40 新潟県　胎内チューリップフェスティバル（チューリップ）P41 新潟県　福島潟（菜の花）P11 富山県　にゅうぜんフラワーロード（チューリップ）P40 石川県　河北潟ひまわり村（クリムゾンクローバー）P144 山梨県　新倉山浅間公園（富士山と桜）P156 長野県　安曇野（菜の花）P12 長野県　花桃の里（花桃）P26 長野県　菜の花公園（菜の花）P10 長野県　千曲川桜堤（桜）P35 長野県　白馬村（カタクリ）P22 岐阜県　花フェスタ記念公園（ネモフィラ）P46-47 岐阜県　竹鼻別院（藤）P55 岐阜県　國田家の芝桜（芝桜）P42-43、P111	静岡県　熊野の長藤（藤）P58 静岡県　上杉花園（富士山とツツジ）P159 静岡県　秩父宮記念公園（カタクリ）P22 静岡県　富士山れんげまつり（富士山と蓮華）P157 愛知県　へきなんたんトピア（蜂とネモフィラ）P155 愛知県　岡崎公園（藤）P111 愛知県　五条川桜並木（桜）P30 愛知県　上中のしだれ桃（花桃）P26 愛知県　天王川公園（藤）P57 愛知県　曼陀羅寺公園（藤）P59 滋賀県　海津大崎（桜）P28-29 京都府　鳥羽水環境保全センター（藤）P55 大阪府　花博記念公園鶴見緑地（ネモフィラ）P48、P51 兵庫県　国営明石海峡公園（ネモフィラ）P110 鳥取県／島根県　船通山（カタクリ）P22 島根県　関の五本松公園（ツツジ）P67 岡山県　奈義町菜の花まつり（菜の花）P12 岡山県　蒜山高原（桜）P52-53 広島県　因島の除虫菊（除虫菊）P149 山口県　一貫野の藤（藤）P56 徳島県　あすたむらんど徳島（ネモフィラ）P48 香川県　紫雲出山（桜）P33 愛媛県　禎瑞の芝桜（芝桜）P44 福岡県　吉祥寺公園（藤）P55 福岡県　国営海の中道海浜公園（ネモフィラ）P50 長崎県　長串山公園（ツツジ）P63 大分県　青の洞門（ネモフィラ）P49 大分県　千財農園（藤）P54 熊本県　昭和園（ツツジ）P60-61 宮崎県　天神山つつじ公園（ツツジ）P62
5月	北海道　平岡公園（梅）P16 青森県　横浜町の菜の花（菜の花）P8 宮城県　徳仙丈山（ツツジ）P65 秋田県　千秋公園（ツツジ）P62 秋田県　鳥海高原（菜の花）P13 茨城県　小貝川ふれあい公園（ポピー）P70 埼玉県　こうのす花まつり（ポピー）P68-69、70 埼玉県　天空のポピー（ポピー）P71 東京都　都電荒川線（電車とバラ）P150 長野県　九十九谷森林公園（クリンソウ）P74 岐阜県　花の森四十八滝山野草花園（クリンソウ）P74	静岡県　富士花鳥園（クリンソウ）P74 静岡県　富士中央公園（富士山とバラ）P158 三重県　二見しょうブロマンの森（杜若／菖蒲／花菖蒲）P81 京都府　るり渓高原（ツツジ）P67 兵庫県　ちくさ高原（クリンソウ）P75 兵庫県　多聞寺（杜若／菖蒲／花菖蒲）P80 奈良県　葛城山（ツツジ）P64 岡山県　笠岡ベイファーム（ポピー）P71 愛媛県　あやめの里（杜若／菖蒲／花菖蒲）P81 長崎県　雲仙仁田峠（ツツジ）P66

その他おすすめの場所	MEMO
● 静岡県熱海市では「糸川遊歩道」をはじめ、熱海市内のあちらこちらで「あたみ桜」が楽しめます。近くの「熱海梅園」ではどこよりも早く梅の花が咲き始めます。 ● 沖縄県では下旬から緋寒桜が咲きお花見シーズンを迎えます。「八重岳桜の森公園」や「今帰仁城跡」は人気スポットです。	
● 神奈川県の「曽我梅林」や静岡県の「岩本山公園」は富士山の眺望も楽しめます。 ● 梅の生産量日本一を誇る和歌山県の「南部梅林」と「岩代大梅林」も見ごたえあり！ ● 河津桜の名所は他にも神奈川県の「三浦海岸」と、大分県の「四浦半島」があります。	
● 三重県の「鈴鹿の森庭園」の豪華絢爛なしだれ梅は一見の価値あり！ 一目見ようと遠方からも多くの人が訪れます。 ● 京都府の「城南宮」では、落ち椿としだれ梅の絨毯が人気です。 　そして落ち椿といえば、山口県の「笠山椿群生林」、薄暗い林の中に落ちる椿はフォトジェニックです！	
● 春はカラフルで美しいチューリップ畑がたくさん。 　富山県の「あさひ舟川春の四重奏」では、菜の花・チューリップ・桜・立山連峰とこの場所ならではの贅沢なコラボが楽しめます。他にも、北海道「かみゆうべつチューリップ公園」「国営滝野すずらん丘陵公園」、東京都「国営昭和記念公園」、千葉県「あけぼの山農業公園」、岐阜県「国営木曽三川公園」、三重県「なばなの里」、広島県「世羅高原農場」も。 ● 国の天然記念物に指定されている日本三大桜 　福島県「三春滝桜」、山梨県「山高神代桜」、岐阜県「根尾谷淡墨桜」。 ● 日本三大桜名所 　青森県「弘前公園」、長野県「高遠城址公園」、奈良県「吉野山」。 ● 岡山県の「備中国分寺」、春は蓮華が咲きのどかな花風景が広がります。 ● 春色いっぱい！菜の花と桜のコラボが素敵なスポット。 　秋田県「桜・菜の花ロード」、埼玉県「権現堂桜堤」、奈良県「藤原宮跡」、佐賀県「馬場の山桜」、宮崎県「西都原古墳群」。 ● 輝くオーロラのように美しい藤のライトアップ。 　栃木県の「あしかがフラワーパーク」は有名。世界的にも有名で専用の駅ができたほど。兵庫県「白毫寺」の九尺藤も圧巻！ ● 道の脇など見渡してみるとアガパンサスやニゲラも咲いているかも!! ● 沖縄県「東南植物楽園」の幻想的なヒスイカズラの棚は、4月初旬より見頃を迎えます。	
● 5月はバラ園も人気です。岐阜県「花フェスタ記念公園」は、世界中のバラが集められた日本最大のバラ園でバラ好きな人なら必見の場所。千葉県「京成バラ園」、兵庫県「荒牧バラ公園」にも見事なバラが咲き乱れます。北海道「大通公園」神奈川県「横浜公園」、大阪府「中之島公園」、は都会のオアシス。九州地方でバラを楽しむなら、鹿児島県「かのやばら園」も見ごたえたっぷり。 ● あまり見かけないルピナス畑は埼玉県「国営武蔵丘陵森林公園」や三重県「夏草花園」などで見られます。 ● 愛知県「小堤西池」は、自生の杜若が咲き乱れ国の天然記念物にも指定されています。 ● 5月中旬から6月にかけて水芭蕉も見頃になります。福島県「尾瀬国立公園」、長野県「奥裾花自然園」。	

はなまっぷカレンダー 6-12月

月	見頃の場所	
6月	北海道　美瑛町（ルピナス）P146 秋田県　雲昌寺（紫陽花）P87 秋田県　美郷町ラベンダー園（ラベンダー）P104 栃木県　千手が浜（クリンソウ）P72-73、P75 群馬県　館林つつじが岡第二公園（杜若／菖蒲／花菖蒲）P80 埼玉県　ところざわのゆり園（ユリ）P108 埼玉県　美の山公園（紫陽花）P86 千葉県　水郷佐原あやめパーク（杜若／菖蒲／花菖蒲）P78-79 千葉県　千葉公園（蓮）P97 東京都　京王井の頭線（電車と紫陽花）P151 東京都　小岩菖蒲園（杜若／菖蒲／花菖蒲）P82 東京都　南沢あじさい山（紫陽花）P89 神奈川県　横須賀しょうぶ園（杜若／菖蒲／花菖蒲）P82 神奈川県　江ノ電（電車と紫陽花）P151 神奈川県　相模原公園（杜若／菖蒲／花菖蒲）P82	新潟県　月岡公園（ユリ）P109 新潟県　大王あじさい園（紫陽花）P89 福井県　ゆりの里公園（ユリ）P109 福井県　三国ラベンダーファーム（ラベンダー）P104 岐阜県　谷汲ゆり園（ユリ）P106-107 静岡県　下田公園（紫陽花）P84-85 愛知県　賀茂しょうぶ園（杜若／菖蒲／花菖蒲）P82 愛知県　愛・地球博記念公園（蜂とラベンダー）P154 愛知県　形原温泉あじさいの里（紫陽花）P86 三重県　かざはやの里（紫陽花）P90 大阪府　道の駅 しらとりの郷・羽曳野（紫陽花）P91 大分県　神楽女湖（杜若／菖蒲／花菖蒲）P83 大分県　平治岳（ツツジ）P67 沖縄県　よへなあじさい園（紫陽花）P88
7月	北海道　ファーム富田（ラベンダー）P102-103 北海道　四季彩の丘（金魚草）P147 北海道　日の出公園（ラベンダー）P105 岩手県　みちのくあじさい園（紫陽花）P89 宮城県　南くりこま高原一迫ゆり園（ユリ）P108 山形県　山形紅花まつり（べに花）P144 埼玉県　古代蓮の里（蓮）P94 千葉県　佐倉ふるさと畑（ヒマワリ）P118 神奈川県　座間市ひまわり畑（ヒマワリ）P119 福井県　花はす公園（蓮）P92-93 山梨県　花の都公園（富士山と百日草）P158	愛知県　森川花はす田（蓮）P95 三重県　アスピア玉城（ヒマワリ）P111 滋賀県　醍醐地蔵川（梅花藻）P148 兵庫県　ひまわりの丘公園（ヒマワリ）P114（蜂とヒマワリ）P155 奈良県　藤原宮跡（蓮）P95 和歌山県　花園あじさい園（紫陽花）P89 岡山県　備中国分寺（ヒマワリ）P119 徳島県　大川原高原（紫陽花）P86 高知県　蓮池公園（蓮）P97 福岡県　柳川ひまわり園（ヒマワリ）P115 宮崎県　西都原古墳群（ヒマワリ）P115
8月	北海道　ゆりの郷こしみずリリーパーク（ユリ）P108 北海道　国営滝野すずらん丘陵公園（レンゲショウマ）P101 北海道　北竜町ひまわりの里（ヒマワリ）P115 宮城県　伊豆沼・内沼（蓮）P96 山形県　大山上池（蓮）P96 福島県　たかつえそば畑（ソバ）P122 福島県　三ノ倉高原（ヒマワリ）P114 福島県　布引山高原（ヒマワリ）P117	群馬県　赤城自然園（レンゲショウマ）P101 東京都　御岳山（レンゲショウマ）P100 東京都　殿ヶ谷戸庭園（レンゲショウマ）P101 新潟県　山本山高原（ヒマワリ）P112-113 山梨県　明野ひまわり畑（ヒマワリ）P116 岐阜県　大垣ひまわり（電車とヒマワリ）P153 京都府　久多の里（北山友禅菊）P145 奈良県　本薬師寺跡（ホテイアオイ）P148
9月	山形県　湯の台高原（ソバ）P120-121 栃木県　益子町（電車と彼岸花）P150 埼玉県　巾着田（彼岸花）P124-125 埼玉県　権現堂桜堤（彼岸花）P128 富山県　松川べり（彼岸花）P111 長野県　赤そばの里（ソバ）P123 岐阜県　やすらぎの林（彼岸花）P129	岐阜県　津屋川堤防（彼岸花）P126 静岡県　秩父宮記念公園（レンゲショウマ）P98-99 愛知県　矢勝川（彼岸花）P129 京都府　亀岡市（彼岸花）P127 京都府　美山かやぶきの里（ソバ）P122 奈良県　葛城一言主神社（彼岸花）P127 熊本県　番所の棚田（彼岸花）P127
10月	新潟県　山古志棚田（コスモス）P136 富山県　夢の平スキー場（コスモス）P134 福井県　宮ノ下コスモス広苑（コスモス）P134 三重県　東員町コスモス畑（コスモス）P135 滋賀県　野田町コスモス畑（コスモス）P132 京都府　夢コスモス園（コスモス）P132	兵庫県　入野コスモス畑（電車とコスモス）P152 兵庫県　武庫川コスモス園（コスモス）P134 奈良県　藤原宮跡（コスモス）P137 宮崎県　生駒高原（コスモス）P135 鹿児島県　上場高原コスモス園（コスモス）P136
11月		
12月	福井県　越前海岸（水仙）P141	

その他おすすめの場所	MEMO
● まだまだある紫陽花スポット。茨城県「あじさいの森」、千葉県「服部農園あじさい屋敷」、富山県「太閤山ランド」、山梨県「天上山公園」、兵庫県「大野アルプスランド」、愛媛県「新宮あじさいの里」、宮崎県「桃源郷岬」。 ● 他にも人気のラベンダー畑。千葉県「佐倉ラベンダーランド」、山梨県「大石公園」、山梨県「八木崎公園」、三重県「メナード青山リゾート」、大阪府「和泉リサイクル環境公園」。	
● 他にもおすすめのユリ園。北海道「オーリンズ春香山ゆり園」、長野県「白馬岩岳ゆり園」、静岡県「可睡ゆりの園」、岐阜県「ダイナランドゆり園」、滋賀県「びわこ箱館山ゆり園」。 ● 宮崎県「きゃべつ畑のひまわり」や、香川県「中山ひまわり団地」のヒマワリは規模の大きさに感動することな間違いなし！ ● ヒマラヤの青いケシと言われ密かに人気のブルーポピー。長野県「白馬五竜高山植物園」、長野県「大桑村」でたくさん咲いています。 ● 一夜だけ咲き明け方には散ってしまう、幻の花といわれるサガリバナ。沖縄県「西表島」で見ることができます。	
● 紫色の球状の花を咲かせ絶滅危惧種にも登録されているヒゴタイは、熊本県「ヒゴタイ公園」で見られます。 ● 8月からキバナコスモスが咲き始めます。長野県「治部坂高原」、愛知県「愛知牧場」、奈良県「藤原宮跡」。 ● 茨城県「明野ひまわりの里」では八重咲きのヒマワリが楽しめます。 ● 8月下旬から9月初旬にかけて長野県では広大なソバ畑が広がります。「開田高原」、「中山高原」など。	
● 9月になると山形県「面白山高原コスモスベルグ」、富山県「イオックスアローザ」などでもキバナコスモスが咲きます。 ● ダリアが見ごろの季節。秋田県「秋田国際ダリア園」、山形県「やまがた川西ダリヤ園」、東京都「町田ダリア園」、広島県「世羅高原農場」。	
● コキアの名所、宮城県「国営みちのく杜の湖畔公園」、茨城県「国営ひたち海浜公園」、埼玉県「国営武蔵丘陵森林公園」、千葉県「東京ドイツ村」、山梨県「大石公園」、岐阜県「ひるがの高原コキアパーク」、香川県「国営讃岐まんのう公園」。 ● 鳥取県「鳥取砂丘」付近ではらっきょう畑が満開になります。 ● 日本の国花の菊。10月末から11月にかけて、各地で菊花展が開催されます。いろんな種類の菊があり楽しめるはず！ 望遠レンズを持ってぜひお近くの菊花展へ。	
● 紅葉が盛んな季節。愛知県「小原の四季桜まつり」で紅葉と桜の共演が楽しめます。	

参考文献

『花のすがた』岡部伊都子（創元社）
『花と日本人』中野進（花伝社）
『花ことば・上』春山行夫（平凡社）
『花ことば・下』春山行夫（平凡社）
『日本人なら知っておきたい花 48 選』江尻光一（いきいき株式会社）

スペシャルサンクス
フォトグラファーリスト　　お写真への素敵なコメントも添えていただきありがとうございました。

Yuka Shimbo（表紙／P51 下／P102-103）、Ryo Tajima（総トビラ／P84-85／P119 下）、遠井洋子（はじめに／P20-21／P100 上／P108 上）、工藤江都子（目次）、ken.f430（P6-7／P146）、motion.imaging（P8 上／P31）、岩本大地（P8／P132）、村上仁美（P9）、sigmist810（P10）、M.Narahara（P11 上）、suzugongon1112（P11 下）、中山幸子（P12 上）、まりも（P12 下）、畠山麻紀（P13／P104 上）、吉長輝（P14-15／P132 下）、ラムミ（P16 上）、菅原健一郎（P16 下左／P71 上／P149 下）、内田香緒利（P16 下右）、門松友梨（P17 上／P24-25）、伊藤舞（P17 下）、大槻光平（P18）、vanilla_graph（P19／P78-79／P137）、星本かおり（P22 上／P74 中／P98-99）、窪田典子（P22 中）、長坂容子（P22 下）、xx_hiro_photos_xx（P23 上）、ウオズミ カナコ（P23 下／P115 下）、Hiroco Takahashi（P26 上）、yukiyo117（P26 下）、高橋章（P27）、北川カ三（P28-29）、吉澤佑鷹（P30／P57）、YASUTO（P32）、杉瀬悠汰（P33 上／P117）、大坪邦仁（P33 下）、kiccyomu（P34／P124-125／P142）、栗栖達也（P35）、宇佐見北斗（P36 左上）、武田恭子（P36 右上）、永田遥（P36 左下）、yumihr（P36 右下）、前田榮子（P37 上）、助川りりこ（P37 中下）、niji_no_kanata（P37 左下）、まほ（P37 右下／P134 下）、小石美加（P38-39／P147／P151 上）、Ⓡ①ⓄⓃ（P40 上）、後藤里穂（P40 下左）、石田百代（P40 下右）、櫻井美由美（P41）、小山隆史（P42-43／P95 上）、Hisae Matuki（P44 上）、横矢吏示（P44 下左）、いそのサザエ（P44 下右）、たむ（P45／P150 下）、亀山多加代（P46-47）、tomyjam36（P48 上）、大窪脩え（P48 下）、nao_k__（P49／P54／P154 上）、青木直子（P50 上）、lushien17（P50 中）、Mie（P50 下）、濱崎孝浩（P51 上）、菅沼圭子（P52-53）、田中裕子（P55 上／P90）、齋藤多紀子（P55 下左）、bechan7（P55 下右）、imo_z（P56）、miho（P58）、森春菜（P59 上）、塚本由香里（P59 下／P123 上）、Soushi Takayanagi（P60-61／P127 下左）、堀辺竜大（P62 上）、shimya（P62 下左／P87）、満留純子（P62 下右／P115 下右）、山田扶弥子（P63／P83）、7010._.5（P64）、nao_____ya（P65）、_kana_m_i_（P66／P141 上）、伴田昌愛（P67 左上）、尾土平志保（P67 右上）、加茂隆志（P67 下左）、鈴木教大（P67 右下）、yuki takasugi（P68-69／P75 上／P101 中）、Yukihito Ono（P70 上）、__yuk0__（P70 下）、齋藤百合（P71 上／P119 下／P138-139）、tsumugi_photo7（P72-73）、迫下和信（P74 上）、mori（P74 下／P89 下右）、二宮勝民（P75 下）、山中瞳（P76 上）、香村美弥子（P76 下）、mink（P77 左上）、いで ひとみ（P77 右上／P100 下／P123 下）、Miho（P77 左下）、Nissy（P77 右下）、竹村 真貴（P80 上）、kaze（P80 下）、REN（P81 上）、hayapt_555（P81 下）、西村由紀（P82 左上）、戸島 真実子（P82 右上）、Yuu Nakajima（P82 左下）、amai_mizu_（P82 右下／P156 上）、pure_photomagic（P86 上）、横山由美（P86 下左）、堀裕子（P86 下右）、長野恵莉佳（P88）、今枝和将（P89 上）、nakasan_1505（P89 右上）、笠井麻里子（P89 下左）、山本恭子（P91）、徳田夕美（P92-93／P104 上）、kjknic（P94）、岸本 修平（P95 下）、Michi（P96 上）、yuki（P96 中）、渡邊香（P96 下）、田渕栄子（P97）、後藤太輔（P97）、narumi（P101 上／P150 上）、上野恵美子（P101 下）、くー（P105／P108 中）、山崎 末弘（P106-107）、吉田由美（P108 下／P120-121／P144 上）、大村博明（P109 上）、森田佳代子（P109 下）、コサ（P110 下）、米田豊（P111 左上）、EMU（P111 右上／P130-131）、miku.photography（P111 左下）、sen（P111 右下）、窪田謙一（P112-113）、高淵由梨（P114 上）、はなちゃん（P114 下）、kkazu4848（P115 下左）、齋藤邦弘（P116）、大野永（P118／P152 上右）、木下浩二（P122 上）、吉田貴雄（P122 下／P127 下右）、HIRO92（P126）、華子（P127 上）、akari_shine_（P128 上）、山崎聡（P128 下）、stickybug511（P129 上）、宮地里奈（P129 下）、西田恭史（P133）、天野麻美（P134 上）、えばたりえ（P134 中）、さち（P135 上）、岩倉睦（P135 下）、脇山直弥（P136 上）、sbr_7127（P136 下）、山村 周平（P140）、岡田有紀（P141 下）、宗綱典子（P144 下）、Hiromi（P145）、しゅう（P148 上）、小山真弓（P148 下）、taketime44（P149 上）、jin2_mode（P151 下）、亀岡　美恵（P152 上左）、大出淑（P152 上左）、福谷聡規（P153 上）、加納愛子（P153 下）、あたりめ（P154 下）、くゆう（P155 上）、吉田 卓也（P155 下／capkaieda（P156 下）、もりやけいすけ（P157）、髙木智（P158 上）、池渕千恵（P158 下）、堀翼（P159）、後藤有紀（P160）

おわりに

「#はなまっぷ」に集まる素晴らしいお写真の数々、いかがでしたでしょうか?

　花好きな方々が楽しみながら撮影された素晴らしい花風景を、より多くの方に楽しんでいただけたら嬉しいです。

　これらの花風景の多くは、植栽や刈り取りなどを含め、常日頃から管理してくださる方々の手によって作られています。花々が見頃となるのは1年のうち2週間程度。その美しい瞬間に私たちは訪れ楽しませていただいています。この本を通じて1人でも多くの方に花々の大切さもお伝えできれば幸いです。

　最後になりましたが、この本を作成するにあたり、お写真を提供して頂いた175名の方々、企画に対するアイデアやコメントをいただいた方、そしていつも「#はなまっぷ」に、お写真を投稿してくださるみなさん、ご覧いただいているみなさんに心より感謝いたします。

開設からこれまで、たくさんの方々に支えていただいたおかげで、想像していた以上の他にはない素晴らしい花の本を作ることができました。

　素敵なお花をたくさんありがとうございました。

　花を愛するすべての人に花まるを。

はなまっぷ

はなまっぷ hanamap

花ことば あなたのお花を待っています。
名前の由来 花のある日本地図を作りたいことから。

花の写真を通して、花好きな人々が楽しめる場所にと 2015 年 4 月 20 日に開設されたインスタグラムアカウント。数多くのインスタグラマーたちとともに、日本各地の花風景や美しい花の写真を発信している。

Instagram　https://www.instagram.com/hanamap/
Twitter　https://twitter.com/hanamap_info

100年後まで残したい！
日本の美しい花風景

2018 年 8 月 10 日　第 1 刷発行
2024 年 3 月 1 日　第 10 刷発行

著者	はなまっぷ
装丁＆デザイン	公平恵美
発行人	塩見正孝
編集人	神浦高志
販売営業	小川仙丈
	中村 崇
	神浦絢子
企画協力	森久保美樹（NPO 法人 企画のたまご屋さん）
印刷・製本	図書印刷株式会社
発行	株式会社三才ブックス
	〒101-0041
	東京都千代田区神田須田町 2-6-5 OS'85 ビル
	TEL：03-3255-7995
	FAX：03-5298-3520
	http://www.sansaibooks.co.jp/
	info@sansaibooks.co.jp

Google マップ版
地方別はなまっぷ

※Google マップに地方別はなまっぷを集約しました。
※撮影場所が特定できない写真については、マップへの掲載を省略させていただいています。
※お出かけの際にご活用ください。

https://goo.gl/etYD7A

※本書に掲載されている写真・記事などを無断掲載・無断転載することを固く禁じます。
※万一、乱丁・落丁のある場合は小社販売部宛にお送りください。
送料小社負担にてお取り替えいたします。

© はなまっぷ, 2018